서울 아파트 상승의 끝은 어디인가

2020 수도권 입지의 대전환이 온다

서울 아파트 상승의 끝은 어디인가

강승우
samtoshi

매일경제신문사

　　samtoshi의 새 책은 지난 책에서 주장했던 내용을 더욱 발전시켰다. 데이터를 세밀하게 분석하고 이에 따라 앞으로 주목해야 할 데이터와 시장 흐름을 제시한다. 특히 2016년 이후 부동산 규제 정책에 따른 변화 중, 어떤 데이터를 세밀하게 살펴보고 대응전략을 짜야 하는지 다른 전문가들이 뭉뚱그려 이야기한 부분을 구체적으로 설명한다. 앞으로 5년, 서울 부동산 시장을 충실하게 예측한 저자의 의견을 읽어보는 것만으로도 독자들이 생각하고 판단하는 데 큰 도움이 될 것이다.

　　또한 예측이 빗나갈 수 있는 예외적인 상황들에 대해서도 설명하고 있어 앞으로 주목해야 할 변수들에 대해서도 짚었다. 직주근접의 측면에서 눈여겨봐야 할 서울 아파트를 소개했다. 특히 지난 책이나 부동산스터디 카페에서 언급하지 않았던 서울-수도권 지역 내 주목해야 할 핵심가치와 그를 포함한 주요 위치의 아파트들을 소개한 것이 독자들에게는 큰 도움이 될 것이다.

"기우제를 지내는 추장이 되지 말고 비올 것을 대비하는 관찰자가 됩시다."

부동산스터디 카페의 표어다. 빅데이터 시대에서 필요한 것은 데이터 해석 능력이다. 폭등과 폭락이라는 비가 내리기를 마냥 기도하는 추장이 되지 말고, 어떻게 관찰하고 해석할지 고민하고 공부해야 한다.

《서울 아파트 상승의 끝은 어디인가》는 데이터를 분석해 판단하고 의사결정 하는 방법을 제시하고 있으며, 이제까지 나왔던 다른 경험론 투자자들의 글과는 차원이 다른 만족감을 선사할 것이다.

강영훈
붇옹산, 네이버 부동산스터디 카페 대표

살까 말까
혼란 속에서 살아남는 법

세상은 불공평하다. 누군가는 10의 노력을 해서 10의 결과를 얻지만, 다른 누군가는 10의 노력을 해서 50의 결과를 얻기도 하고 5의 결과를 얻기도 한다. 대체로 이러한 차이를 만들어내는 것은 그 노력을 어디에 쏟았느냐에 따라 갈린다. 예를 들어 같은 대학교, 같은 전공을 선택한 동문 중에서도 어떤 진로를 선택했는지에 따라 사회에 나와서 얻는 성과가 천차만별이다. 소위 말하는 양극화는 사회 전방위에서 일어나고 있다. 방향 설정이 중요한 이유다.

인터넷이라는 정보의 바다가 우리 사회에 끼친 영향은 어마어마하다. 무엇보다 양극화를 더욱 확대시킨 것도 인터넷이 초래한 현상이 아닐 수 없다. 가령 맛집에 대한 정보가 많아지면서 1등 맛집과 2~3등, 일반 식당과의 격차는 과거 그 어느 때와 비교할 수조차 없을 정도로 벌어졌다. 유명 맛집들은 새벽부터 줄을 서서라도 그 맛을 보려는 고객들로 인산인해를 이루는 반면, 일반 식당들은 내수 부진 속에 어려운 사업 환경을 맞이하고 있다. 유튜브는 어떠한

가. 유튜브 채널 보람 튜브의 운영자 이보람 양은 여섯 살의 나이에 구독자 3,120만 명을 확보해 월 40억 원에 육박하는 광고 매출을 기록하고 있는 데다 95억 원에 달하는 건물을 구입해 더 큰 유명세를 치렀다. 어떤 사업자의 경쟁력이 우수한지 인터넷을 통해 보다 명확해지면서 각 업종마다 최상위 사업자에 대한 쏠림 현상이 극심해졌다.

부동산도 마찬가지다. 뒤에 자세히 나오겠지만 우리나라 부동산도 이미 양극화는 시작되었고 더 심화될 전망이다. 1등 입지와 2~3등 입지 간의 가격 격차는 날이 갈수록 확대되고 있다. 1등 입지에 대한 쏠림 현상이 가속화되고 있기 때문이다. 따라서 기왕 부동산에 관심을 갖는다면 꾸준한 관심과 학습이 매우 중요하다. 관심을 갖고 빨리 공부를 시작한 자와 늦게 시작한 자, 관심이 없어서 시작도 안 한 자의 차이가 세월이 지날수록 커져가고 있는 경우를 주변에서 쉽게 발견할 수 있는 이유다. 뒤늦게 "세상은 불공평하다"고 한탄해봤자 각자의 선택에 따라 발생한 차이는 돌이키기 힘들다.

좀 더 구체적으로 내가 이 책을 내게 된 계기는 두 가지다. 세상에 아무 때나 사도 되는 재화는 없다. 아무 것이나 사도 되는 재화도 없다. 이는 부동산에도 적용된다. 실수요자라면 지금이라도 사라는 조언은 유독 다른 재화보다 부동산에서 자주 언급되는 내용이다. 부동산은 다른 어느 것보다도 거액의 돈이 들어감에도 실수요라는 명목 하에 아무 때나 사도 된다고 한다. 이러한 조언은 굉장히 위험하다. 세상이 불공평하다는 사실을 인정하고 그 안에서 최선의 선택을 내리기 위해 깊이 고민하고 연구해야 한다. 이 책은 이러한 고민의 결정체다.

그리고 내가 지금까지 낸 2권의 책《지금 서울에 집 사도 될까요?》,《서울 아파트 마지막 기회가 온다》를 관통하는 메시지는 ① 2018년 상승 ② 2019년 조정 ③ 2020년 이후 재상승 가능성이 높다는 것이었다. 2019년 상반기까지는 전망이 맞아떨어졌으나(KB부동산 기준 2019년 상반기 서울 아파트 매매 시세 –0.55%) 예상보다 이른 반등으로 2019년 8월 전고점을 회복한 수준에 이르렀다. 이에 새로 발견한 근거를 더해서 다시 2020년 이후 서울 아파트 시장을 전망해볼 필요성을 느꼈다. 전작의 서평과 댓글들을 꼼꼼히 읽어보았고, 여기서 받은 지적들을 십분 반영해서 보완하고 싶었다.

또한 전작에서 가장 많이 받은 지적은 책 후반부에서 추천한 단지 64곳 대부분이 이미 이름이 알려진 랜드마크 대단지들이라는 점이었다. 주요 업무지구에 접근성이 뛰어난 역세권 대단지들을 꼽다 보니 자연스레 내재가치가 뛰어난 단지들, 즉 이미 비싼 단지들을 추천한 셈이었다. 그래서 이번 책에서는 다른 기준을 적용해서 내재가치뿐 아니라 미래가치가 뛰어난 단지들을 선별했다.

그리고 전작의 장점으로 가장 많이 언급된 부분이 바로 10년차 부부를 수요의 바로미터로 삼았다는 점이다. 비록 내가 발견한 인자는 아니지만(노무라 경제연구소에서 2015년에 발표), 참신하다는 평을 많이 받았고 특히 10년차 부부와 서울 아파트 시세가 비슷한 추이로 움직이고 있다는 점에 놀랍다는 반응이 많았다. 그러나 그 이면에는 "10년차 부부만 강력한 수요 계층인가, 그렇다면 9년차와 11년차 부부는 어떠한가?"라며 물어보는 독자들도 많았다. 나 역시 이 질문에 공감하는 바가 있어, 10년차 부부를 능가하는 수요 인자를 찾는 데 골몰했다. 다양한 케이스를 적용해 마침내 10년차 부부보다 넓은 범위를 커버하면서 서울 아파트 시세와 깊은 상관관계를 보이는 수요 인자를 발견했다. 이를 공개함과 동시에 이 인자로 인해 서울 아파트 시장을 새롭게 전망한 결과를 이 책에 모두 담았다.

공급 역시 마찬가지다. 2019년 하락, 2020년 이후 재상승을 언급한 이유 중 하나로 서울 동남권 입주 물량을 들었는데 그 이후 업데이트된 착공 및 인허가 물량을 바탕으로 중장기 공급 예상을 갱신했다.

또한 전작에서는 서울과 부산만을 다뤘다. 이 책은 서울 아파트뿐 아니라 경기도 아파트 시장 및 추천 단지에 대해서도 많은 페이지를 할애했으며, 책 말미에는 6대 광역시의 매수 타이밍을 여러 분석 도구로 따져보았다.

결론적으로 이번 책에서는 전작의 단점을 보완하고 장점은 더 깊게 파고들었다. 분석 대상 범위를 서울뿐 아니라 수도권 및 6대 광역시로 확장시켰으며, 재화의 가치를 결정지을 가장 기본적인 요소인 수요와 공급에 대해서도 더 정밀한 메스를 들이밀었다. 그리고 전작에는 담을 수 없었던 것, 새로운 변경점과 인사이트를 추가적으로 반영했다.

물론 여전히 나의 생각이 정답이라고 말할 수는 없다. 그러나 "이러면 오를 수도 있고, 저러면 내릴 수도 있다. 실거주가 목적이라면 아무 때나 사도 좋다"는 식으로 두루뭉술하게 넘어가는 것도 기대감을 갖고 이 책을 선택한 독자들에 대한 예의가 아니다. 독자들의 선택에 책임감을 갖고 고민한 모든 인사이트와 데이터를 쏟아냈다. 적중률을 높이는 작업에 최선을 다했다. 이 책은 그러한 의지의 소산물이다. 부디 이 책을 선택해준 독자들의 기대치에 어긋남이 없길 간절히 소망해본다.

강승우(samtoshi)

차례

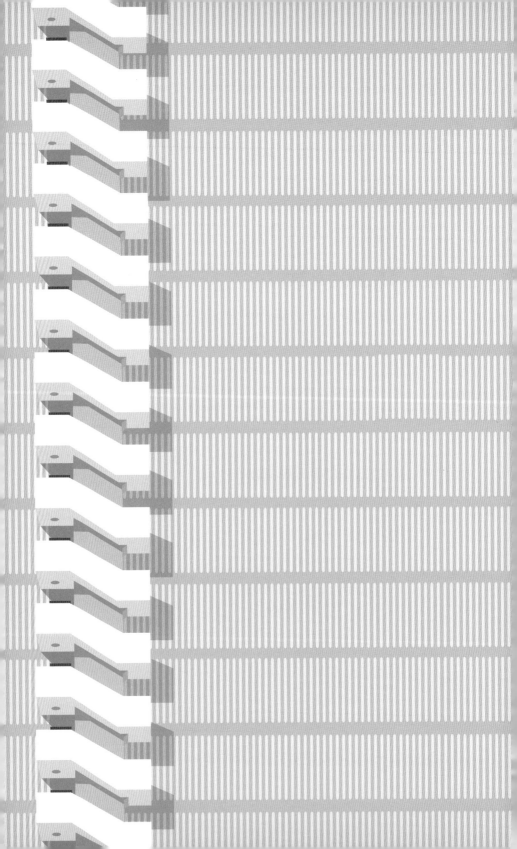

PART 01

과거를 보면
미래가 보인다

지난 예측,
얼마나 적중했나

본격적으로 내용을 풀기에 앞서 전작인 《서울 아파트 마지막 기회가 온다》를 보완하고 더 깊게 파고든 만큼 전작의 예측 중에 어떤 부분이 적중했고 어떤 부분이 부족했는지 잠시 살펴보고자 한다.

우선 서울 주택 수급의 변화 조짐이 2017년부터 발생하기 시작해, 홀수해 전세가 급등의 법칙에도 불구하고 2019년 전세가가 약세를 보일 것이라는 예측이 적중했다. 수도권의 아파트 입주 물량은 2016년 10만 6,425호 → 2017년 14만 6,314호 → 2018년 19만 5,719호로 역대급 물량을 과시했다. 뒤에 해당 내용이 나오지만 수도권의 거대한 입주 물량이 시차를 두고 서울 아파트 전세가에 영향을 미쳤음을 감안할 때 2019년 서울 아파트의 전세가 약세는 필연이었다.

또한 5년 연속 상승에 따른 피로감 누적, 헬리오시티를 위시한 입주 물량의 파고와 전세가 하락 전망 등으로 인해 2018년을 단기꼭지로 삼은 전망도 적중했다. 서울 아파트 시장은 KB부동산 기준으로 2018년 12월부터 2019년 6월까지 6개월간 조정장을 겪었다. 2018년이 단기 꼭지였던 셈이다.

마지막으로는 전작에서 4가지 기준, 즉 출근시간대 하차인원 상위 20개 역과 주변 74개 역의 역세권 500m 이내, 1,000세대 이상 대단지, 입주 10년 이내의 신축, 업무지구와 교통망 호재가 있는 곳을 기준으로 단지 64곳을 추천했다. 분양권 상태이므로 KB시세가 등록되지 않은 8곳을 제외한 56곳 중 51곳의 매매 시세 상승률(2018년 3분기~2019년 3분기)이 서울 평균 상승률을 앞질렀다. 참고로 해당 기간 서울 평균 상승률은 +5%였고, 56곳의 평균 상승률은 +12%였다. 결과적으로 추천 단지 기준을 제대로 선정한 것이다.

그러나 예측이 빗나간 부분도 존재했다. 2018년을 단기 꼭지로 전망하면서 2019년 조정장 도래에 따른 매수 타이밍을 주장했으나 시장은 예상보다 빠르게 반등했다. 과거 상승기(1999~2003년 +102%, 2005~2009년 +48%)에 비해 서울 아파트의 이번 상승기(2014~2018년 +33%) 상승률이 낮았던 데다 2020~2021년의 공급 감소와 10년차 부부로 대표되는 수요의 증가로 2020년 이후 다시 강세장을 전망했다. 그런데 2019년 하반기에 예상보다 이른 반등이 시작된 것이다. 2019년 연간 전체로도 하락장을 전망했던 셈인데 이 추세대로면 2019년 연간 전체도 플러스 상승률로 장이 마감될 것으로 보인다.

틀린 부분에 대해서는 그 이유를 찾아보는 게 마땅하다. 정부 규제의 부작용이 큰 영향을 미쳤다. 뒤에도 같은 내용이 나오지만 다주택자 양도세 중과, 주택임대등록사업자 급증 등으로 매물이 크게 감소하면서 예상보다 빠른 반등이 초래되었다. 따라서 이 부분은 앞으로도 정책이 바뀌지 않는 한 위력을 발휘할 것으로 예상된다.

예측이 틀린 부분에 대해서는 아쉬운 마음이 크나, 2019년 상반기 시장이 실제 조정을 겪었고 2019년 연간 상승률도 2017~2018년에 비해서는 크게 낮아질 것으로 보인다(2017년 +5% → 2018년 +14% → 2019년 1~9월 +1%).

중장기 상승의
시그널

"과거는 미래를 여는 열쇠"라는 말이 있다. 과거의 데이터를 잘 들여다보면 미래를 전망하는 데 쓰일 수 있는 자료와 시사점이 가득하다. 내가 온라인상에서 쓰는 글과 책에 나오는 데이터는 대부분 KB부동산에 게시된 자료들이다. KB부동산은 1986년부터 축적된 통계를 가지고 있어 원하는 자료를 구하기가 용이한 데다 이를 가공하면 특별한 인사이트를 얻을 수 있다.

내가 가장 애용하는 그래프가 하나 있는데 바로 서울 아파트 매매·전세지수다. 이 그래프는 당초 KB부동산에서 2015년 2분기의 매매가와 전세가를 각각 100으로 전제하고 1986년까지 매매가와 전세가 추이를 역산하여 그린 것이다. 여기서 나는 2015년 2분기부터 2019년 3분기까지 다시 연장하여 그려보았고 매분기마다 갱신해서 그리고 있다. 이 그래프에서 얻은 인사이트는 4가지다.

첫째, 서울 아파트의 장기간 조정을 일으킨 원인이 무엇인가. 우선, 30년이 넘는 기간 동안 서울 아파트 시장이 폭락하거나 장기간

서울 아파트 매매 · 전세지수

조정이 있었던 시기를 살펴보자. 서울 아파트 시장이 장기간 조정
을 겪은 시기는 1991년부터 1995년까지와 2010년부터 2013년까
지(그래프 두 개의 붉은색 화살표)였다.

  1991년부터 1995년까지는 무슨 일이 있었을까. 바로 분당, 일산,
중동, 평촌, 산본 등 다섯 곳의 1기 신도시 입주 시기와 겹친다. 1기
신도시는 1991년부터 입주를 시작하여 1992년 말까지 입주가 완료
되었다. 30만 가구에 육박하는 대규모 신축 주거 타운이 서울 주변
에 신설된 셈이다. 1986년 조정을 겪던 서울 아파트는 1987년부터
1990년까지 4년간 역대급 폭등장(KB부동산 기준 +118%)을 연출했는데,
폭등의 피로감이 누적되고 있던 마당에 1기 신도시가 대규모 입주

를 시작하면서 서울 주택 수요가 분산되었고 이는 서울 아파트 시장의 조정기를 초래했다.

2010년부터 2013년까지는 무슨 일이 있었을까. 많은 이들이 당시 조정기를 서브프라임 모기지 사태로 촉발된 2008년 글로벌 금융위기 때문이라고 생각하는데 꼭 그렇지만은 않다. 당시 서울 아파트는 1998년 IMF 사태로 인한 폭락장 이후 1999년부터 2009년까지 한 해(2004년)만 잠시 쉬어갔을 뿐, 무려 10여 년간 급등장을 겪고 나서 상승 피로감이 극에 달했을 시점이었다. 매매가와 전세가의 이격, 서울과 지방의 이격이 역대 최고 수준으로 벌어지면서 서울 아파트가 더 오르기 힘든 시점, 그리고 10년차 부부로 대표되는 주택 수요층의 감소가 일어난 상황에서 마침 2009년 정부가 보금자리정책을 발표했다. 기존 아파트에 대한 관심이 싸늘하게 식은 데다 2기 신도시인 판교와 광교도 입주를 시작한 것이 장기 조정기를 초래한 원인이라고 할 수 있다. 1998년 IMF는 일반인이 예측하기 어려운 외부 변수였기 때문에 논외로 하자.

서울 아파트 시장이 장기간 조정을 겪었던 두 시기의 공통점은 ① 직전 수년간 폭등장이 있었고 ② 이에 따른 반대급부로 대규모 공급이 시작되었다는 점이다. 그렇다면 2가지 경우가 발생하기 전까지는 장기간 조정을 겪기 어렵다는 말이 된다.

장기간 상승 후 대규모 공급은 장기간 조정을 초래한다.

둘째, 장기 조정을 불러일으킬 만한 버블의 끝은 어느 정도 수준일까. 서울 아파트 매매·전세지수 그래프를 들여다보면 한 가지 눈에 띄는 것이 있다. 바로 매매지수와 전세지수의 이격 수준이다. 이격 수준을 알아보기 위해 매매지수를 전세지수로 나눈 결과를 수치화했다. 이 결과 놀라운 사실을 발견했다.

1991~1995년, 2010~2013년의 장기 조정이 일어나기 직전인 1991년 2분기와 2009년 3분기(그래프 두 개의 검은색 화살표)에는 공통점이 하나 있다. 바로 매매지수가 전세지수의 164%에 달했다는 점이다. 매매지수가 전세지수의 1.64배 수준이었다는 것인데(매매가가 전세가의 1.64배라는 의미가 아니다), 이 수치까지 도달하자 매매가의 장기 조정이 시작되었기 때문에 '매매지수＝전세지수×1.64' 내외 수준이 서울 아파트 버블의 정점이라고 할 수 있겠다. 결론적으로 말하면 이 지점 근처까지 가기 전에 투자용 부동산은 정리하는 게 맞다.

그렇다면 현 시점에서 매매지수와 전세지수의 이격도는 어느 정도가 될까. 2019년 3분기 기준으로 서울 아파트의 매매지수는 전세지수의 117% 수준으로, 아직 장기간 조정을 불러일으킬 수준(버블의 정점)은 아니다. 이는 서울 아파트 시장의 상승 여력이 아직도 있음을 보여준다. 서울 아파트가 폭락하거나 장기간 조정을 겪기에는 아직도 전세가가 강력하게 뒷받침한다고 볼 수 있다.

매매지수가 전세지수의 1.64배일 때가 서울 아파트 버블의 절정이다.
2019년 3분기는 1.17배로 절정과는 거리가 멀다.

매매·전세지수 이격 추이

매매·전세

자료: KB부동산

시각적인 이해를 돕고자 매매지수를 전세지수로 나눈 지표 추이
를 도식화했다.

셋째, 상승세의 원동력은 저금리와 풍부한 유동성 외에도 있는
가. 앞서 소개한 서울 아파트 매매·전세지수 그래프 속 두 개의 원
을 주목해보기 바란다. 여러 가지 의미가 있는데, 우선 매매지수와
전세지수가 동반 상승한 시기임과 동시에 매매지수와 전세지수가
겹쳐 있어서 두 지수 사이의 이격이 없었던 시기, 즉 매매가에 가장
거품이 없던 시기이기도 하다. 흔히들 전세가는 '주택 사용가치', 매
매가는 '주택 사용가치＋투자가치'라고도 하고, 전세가는 '현재가
치', 매매가는 '현재가치＋미래가치'라고도 한다. 이러한 관점에서

매매지수와 전세지수의 이격 수준이 역대 가장 낮았던 시기라는 것은 매매가에 투자가치 또는 미래가치가 전혀 반영이 안 된 '저평가 구간'이었다는 의미로 연결된다. 바로 두 개의 원이 그려진 구간이다. 2000년 1분기부터 2002년 2분기까지, 2015년 1분기부터 2017년 2분기까지다. 최고의 매수 타이밍이었다는 얘기다. 신기하게도 둘 다 10분기로 구간 길이마저 똑같다.

10분기 동안 두 지수가 동반 상승했다는 것은 사실상 전세지수가 매매지수를 밀어올렸다는 것을 의미한다. 전세가의 강력한 뒷받침이 확인된 후 투자 수요가 유입됨으로써 장기 상승의 토대가 되었음을 그래프에서 볼 수 있다. 즉, 매매지수와 전세지수가 장기간 동반 상승할 경우 장기 상승을 초래한다.

매매지수와 전세지수의 동반 상승이 일정 구간 지속될 경우
중장기 상승의 시그널이다.

넷째, 33년간 매매지수와 전세지수의 흐름을 볼 때, 매매지수가 전세지수보다 낮았던 시기는 사실상 없었다. 앞서 2000년 1분기부터 2002년 2분기까지, 2015년 1분기부터 2017년 2분기까지의 구간에서 매매지수와 전세지수가 이격 없이 겹친 채로 동반 상승했으나 이때도 전세지수가 매매지수를 소폭 상회한 적은 있어도 크게 상회한 적은 없었다. 즉, 전세지수가 매매지수의 든든한 지지선이 된다는 사실을 그래프에서도 확인할 수 있다. 이는 바꿔 말하면, 매

매지수가 폭락하더라도 전세지수 이하로 떨어지기 힘들다는 의미다. 따라서 매매지수가 전세지수에 근접하면 안심하고 매수해도 되는 구간이라고 할 수 있다.

서울 아파트 매매·전세지수 그래프에서 얻을 수 있는 인사이트 4가지를 설명했다. 이 그래프가 얼마나 유용한지 깨달을 수 있었을 것이다. 나는 분기마다 그래프를 이어서 그릴 예정이다. 그리고 이 그래프의 추이를 보면서 중장기 정점(매매지수 = 전세지수 × 1.64)에 근접하면 자신 있게 매도를 외칠 것이고 중장기 저점(매매지수 = 전세지수)에 근접하면 매수를 외칠 것이다. 그래프 추이는 내 블로그(https://blog.naver.com/kedkorea)에 분기별로 업데이트해 게재할 예정이다.

전세가의
2가지 의미

전세가에 대해서는 2가지 이야기를 해보고자 한다. 우선 나는 전작《서울 아파트 마지막 기회가 온다》에서 2017년부터 서울 아파트 수급에 이상 조짐이 있어왔음을 밝힌 바 있다. 전세가는 거품이 낄 이유가 없이 주택 수요와 공급의 결과가 그대로 나타나는 지표이므로 눈여겨봐야 하는데 다음 표는 주택 수급의 이상 조짐을 시사해주고 있다.

연도별 전세가 증감률

구분	2011년	2012년	2013년	2014년	2015년	2016년	2017년	2018년	2019년 상반기
전세가	13.4%	2.2%	9.0%	4.9%	9.6%	3.1%	2.1%	1.6%	-1.1%

자료: KB부동산

보다시피 서울 아파트는 홀수해마다 전세가 상승률이 높았다. 이는 1988년 주택 임대차 기간이 1년에서 2년으로 늘어나면서 짝수해마다 전세가가 급등하다가 2008년 글로벌 금융위기 여파로 이듬해인 2009년 전세 계약이 크게 늘면서 전세가가 급등하는 해가 홀수해로 바뀐 탓이다. 그런데 2017년은 홀수해임에도 불구하고 전세가 상승률이 불과 +2.1%에 불과했다. 이전 홀수해였던 2011년 +13.4%, 2013년 +9.0%, 2015년 +9.6%에 비해 분명 크게 줄어든 상승률이었다. 게다가 2019년 상반기 전세가 상승률은 −1.1%로 하락 전환했다. 주택이 수요보다 부족하면 전세가는 오르고, 주택이 수요보다 많으면 전세가는 내린다고 볼 때, 2017년부터 이미 서울 아파트의 공급 부족에 변화 조짐이 있었다는 주장은 타당한 지적이었다. 그렇다면 서울 아파트 수급에 어떤 변화가 발생하고 있는지 따져보는 것이 당연한 순서다.

여기서 한 가지 사실을 짚고 넘어가고자 한다. 내가 사용하는 모든 데이터의 근거가 되는 KB부동산뿐 아니라 한국감정원 등 다양한 기관에서 발표하는 매매가와 전세가 증감률에 대한 이야기다. 보통 주간 상승률이 0.1%라고 하면 대개의 사람들이 "별로 안 올랐네"라고 반응할 수 있다. 가령 매매가 10억 원의 주택이 0.1% 올라서 10억 100만 원이 된 것이므로 상승을 거의 하지 않았다고 이해하기 십상이다. 그러나 사실은 그렇지 않다.

가령 조사 대상지역의 아파트가 500채, 한 채당 평균 가격이 5억 원이다. 그리고 이 500채 아파트 중에서 5채가 5억 5,000만 원에

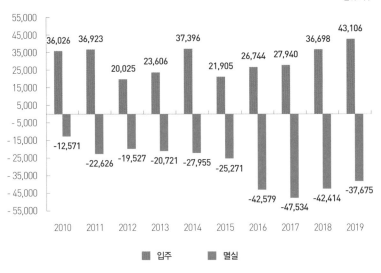

서울 주택 입주 및 멸실 물량 추이

단위: 가구

입주: 36,026 (2010), 36,923 (2011), 20,025 (2012), 23,606 (2013), 37,396 (2014), 21,905 (2015), 26,744 (2016), 27,940 (2017), 36,698 (2018), 43,106 (2019)

멸실: -12,571 (2010), -22,626 (2011), -19,527 (2012), -20,721 (2013), -27,955 (2014), -25,271 (2015), -42,579 (2016), -47,534 (2017), -42,414 (2018), -37,675 (2019)

■ 입주   ■ 멸실

※ 주1) 입주물량은 아파트 기준
주 2) 2018년과 2019년은 정비사업(2018년 4분기 조사 기준) 추정 물량

자료: 국토교통부, 부동산 114

계약됐다고 가정한다. 그럼 500채의 시가총액은 기존 2,500억 원(=5억 원 × 500채)에서 2,502억 5,000만 원(=5억 원 × 495채 + 5억 5,000만 원 × 5채)이 되어 0.1% 상승(2,500억 원 → 2,502억 5,000만 원)했다고 보는 것이다.

그러나 불과 0.1% 상승 현실은 어떠한가. 500채 아파트 중 5채가 5억 5,000만 원에 거래되었다면 나머지 495채의 가치도 5억 5,000만 원 내외로 보는 게 옳다. 지표상으로는 0.1%만 올랐음에도 불구하고. 그러므로 0.1% 상승도 결코 작지 않은 상승률임을 간

과해서는 안 된다. 이 점을 유념해 계속 내용을 풀어가고자 한다.

앞의 그래프는 서울 주택 입주와 멸실 물량을 연도별로 나타낸 것이다. 그래프를 보면 우선 2016~2018년의 멸실 물량이 상당했음을 확인할 수 있다. 그리고 입주 물량에서 멸실 물량을 뺀 순입주 물량은 2015년부터 마이너스를 기록했다(2015년 -3,366호, 2016년 -1만 5,835호, 2017년 -1만 9,594호, 2018년 -5,716호, 2019년 +5,431호). 그래프대로라면 2017년의 전세가 상승률이 다른 홀수해보다 크게 낮아진 이유를 설명하기 어렵다. 2017년은 입주 물량보다 멸실 물량이 1만 9,594호나 더 많아서 주택 순공급(=입주-멸실)이 가장 부족한 해였음에도 불구하고 전세가 상승률은 오히려 크게 떨어졌기 때문이다.

결국 서울 아파트의 수급은 서울 자체적인 입주 물량 외에 다른 인자가 영향을 미쳤다고 볼 수밖에 없다. 그리고 그 다른 인자란 바로 수도권 입주 물량이다. 많은 사람들이 서울과 수도권의 주택 시장은 다르다고 주장해온 게 사실이나 그러한 의견에 대해 반박할 수 있는 데이터를 제시하고자 한다.

2017년은 서울 주택 공급이 가장 부족한 해였음에도 전세가 상승률이 크게 떨어진 것은 수도권 입주 물량의 영향을 받았기 때문이다.

수도권 입주 물량이 서울에 어떤 영향을 미쳤는지 나타내기 위해 5개 도시의 전세가 추이를 나타냈다. 최근 수년간 수도권에서 가장 입주 물량이 많았던 곳은 동탄 신도시다. 동탄 신도시가 속한 곳은

5개 도시 전세가 추이

지역		화성	수원	용인	성남	서울
2015	12월	100	100	100	100	100
2016	1Q	100.5	100.4	101.4	100.4	101.0
	2Q	101.2	101.0	102.0	100.4	101.7
	3Q	101.9	101.5	102.6	101.1	102.4
	4Q	103.3	102.5	103.7	101.9	103.1
2017	1Q	103.4	102.9	103.8	102.4	103.2
	2Q	103.0	103.0	103.8	102.9	103.7
	3Q	102.2	102.9	104.1	103.6	104.6
	4Q	101.6	102.1	104.0	104.1	105.2
2018	1Q	101.0	102.0	104.0	105.2	105.7
	2Q	99.9	101.8	1035.	105.2	105.6

※ 2015년 12월 5개 도시 전세가=100   자료: KB부동산

화성시다. 화성시의 거대한 입주 물량이 경부고속도로를 타고 북상하면 만나게 되는 수원시, 용인시, 성남시, 서울시의 전세가에 어떤 영향을 미쳤는지 조사해봤다. 5개 시의 2015년 12월 전세가를 각각 100으로 전제하고 2018년 2분기까지 전세가 추이를 그려보았다.

쉬운 이해를 돕기 위해 표에서 각 도시의 전세가 정점 시기를 붉은색으로 표시했다. 이를 보면 동탄 신도시의 입주 물량이 어떠한 영향을 미쳐왔는지 알 수 있다. 우선 화성시가 동탄 신도시의 입주 물량을 견디지 못하고 2017년 1분기에 정점을 찍으면서 전세가가

내려가기 시작했고, 바로 북쪽에 인접한 수원시가 1분기 뒤인 2017년 2분기에 정점을 찍고 전세가가 내려가기 시작했다. 그리고 수원시 북쪽에 인접한 용인시가 1분기 뒤인 2017년 3분기에 정점을 찍으면서 전세가가 내려가기 시작했고, 용인시 북쪽에 위치한 성남시와 서울시가 2분기 뒤인 2018년 1분기에 정점을 찍으면서 전세가가 내려갔다.

서울 아파트의 전세가가 2018년 2분기에 하락한 이유는 서울 자체의 공급 이슈가 아니었다. 2018년 4분기부터 2019년 상반기까지 전세가 하락을 촉발시킨 직접적 이유, 즉 헬리오시티 입주와는 무관하다. 주택 공급이 부족하다던 서울 아파트의 전세가가 2018년 2분기에 하락한 이유는 동탄 신도시를 위시한 수도권의 거대한 입주 물량이 연쇄적으로 영향을 미쳐 서울까지 그 파도가 밀려왔기 때문이다.

서울의 높은 전세가를 못 견디고 해를 거듭할수록 많은 사람들이 서울에서 경기도로 거처를 옮기고 있는 일은 새삼스러운 상황이 아니다. 현재의 서울 전세가 수준에서 서울 아파트 주거 수요는 감소했다고 보는 게 옳고, 수도권의 풍부한 입주 물량이 이를 대체한 셈이다. 결국 2016년부터 급증한 수도권 입주 물량이 2017년부터 서울 아파트의 수급 변화에 영향을 미쳤다고 볼 수 있다. 참고로 서울 제외 수도권 아파트 입주 물량은 2015년 8만 990호, 2016년 10만 6,425호, 2017년 14만 6,314호, 2018년 19만 5,719호다.

그리고 2019년. 입주 물량이 멸실 물량을 5년 만에 초과하면서 서울 자체적으로도 공급이 늘어나는 효과가 나타나자 전세가 상승률은 홀수해임에도 불구하고 상반기까지 −1.1%로 하락 전환했다. 즉, 2019년 상반기 시점에서 서울 아파트는 공급 부족 상태가 아니었다. 그런 관점에서 볼 때 최근 전세가 반등도 예사롭게 볼 일이 아니다. 전세가 반등세가 지속된다면 서울 아파트는 다시 공급 부족 상태로 전환됨을 의미한다.

수도권 입주 물량과 서울의 전세가는 무관하지 않으며
전세가의 방향은 서울 주택의 수급 상황을 그대로 알려준다.

이제는 전세가, 그 두 번째 이야기를 시작해볼까 한다. 전세가 하락은 매매가에 분명한 하방 압력으로 작용한다. 사실 이는 당연한 이치다. 앞서 언급한대로 전세가는 주택 수요와 공급의 균형점이 오롯이 결과로 나타나는 지표이기 때문이다. 따라서 전세가의 상승 하락은 해당 시점에서 주택 수요와 공급이 어떤 상황인지를 나타낸다. 즉, 전세가가 오른다면 해당 시점에서 주택 수요가 공급을 초과하고 있는 것이고, 전세가가 내려간다면 주택 수요보다 공급이 많다는 것을 의미한다. 서울 아파트의 매매가와 전세가가 다른 방향으로 간다는 주장을 여럿 접한 나는 이런 측면에 착안해 데이터를 뒤져보았다. 즉, 서울 아파트 전세가가 3개월 이상 하락했을 경우 매매가가 어떻게 되었는지 확인해보았다.

2000년 1월부터 2019년 3월까지 서울 아파트 전세가가 3개월

전세가 증감률과 매매가 증감률

전세가 하락기 (3개월 이상)	전세가 증감률	매매가 증감률	방향 일치 여부
2002년 10월 ~ 2003년 1월	-5.6%	-2.1%	○
2003년 4월 ~ 8월	-3.5%	7.4%	×
2003년 11월 ~ 2004년 1월	-2.1%	-1.8%	○
2004년 5월 ~ 2005년 1월	-5.8%	-3.0%	○
2008년 8월 ~ 2009년 1월	-5.4%	-3.6%	○
2012년 5월 ~ 7월	-0.2%	-1.1%	○
2018년 4월 ~ 6월	-0.1%	1.6%	×
2018년 12월 ~ 2019년 3월	-0.8%	-0.2%	○

자료: KB부동산

이상 하락한 경우는 여덟 차례 있었다. 그리고 해당 기간 동안 매매가도 하락한 경우는 여섯 차례였다. 3개월 이상 전세가가 하락했음에도 불구하고 매매가가 상승한 경우는 두 차례에 불과했다. 여기서 조금만 더 깊이 들어가보자.

3개월 이상 전세가가 하락했으나 매매가가 상승한 두 차례의 경우를 살펴보면 그 첫 번째 사례는 2003년 4월부터 8월까지였다. 해당 기간 동안 전세가는 -3.5% 하락했는데 매매가는 +7.4%로 크게 폭등했다. 그리고 두 번째 사례인 2018년 4월부터 6월까지를 보면, 전세가는 -0.1%로 소폭 하락했는데 매매가는 +1.6% 상승했다. 그런데 그 직전 3개월의 매매가 상승률은 +3.4%였다. 즉, 매매가 상승률이 2018년 1~3월 +3.4%에서 4~6월 +1.6%로 줄어든 것이다.

결국, 정리하면 다음과 같은 결론을 내릴 수 있다. 2000년 1월부터 2019년 3월까지 서울 아파트 전세가가 3개월 이상 하락한 여덟 차례 중 매매가도 하락한 경우가 여섯 차례, 그리고 매매가가 반대로 상승한 두 차례 중 한 차례는 직전 3개월에 비해 매매가 상승률이 감소했음을 볼 때, 전세가 하락은 매매가에 분명한 하방 압력으로 작용한다. 따라서 2019년의 전세가 하락은 가볍게 볼 일이 아니며 매매가가 반등을 지속하려면 전세가 역시 지속적인 상승이 수반되어야 한다. 이는 더더욱 서울 아파트의 수급, 그리고 수도권 입주 물량을 눈여겨봐야 한다는 결론으로 연결된다.

다음 장에서는 서울 아파트 시장의 향후 전망을 논하기 위해 가장 기본이 될 수요와 공급에 대해 이야기하고 그 외에도 중요한 요소에 대해 알아보고자 한다.

매매가와 전세가는 따로 가는 것이 아니라 같은 방향으로 가는 경우가 압도적으로 많다. 매매가가 수급의 결과인 전세가와 다른 방향으로 가기가 쉽지 않기 때문이다.

서울 아파트 시장을 이끄는 소득 5분위

부동산뿐 아니라 교육, 문화 등 다양한 분야에서 양극화가 회자된 것은 새삼스러운 일이 아니다. 국내 내수는 침체되는데 해외 카드 소비는 역대 최대치를 계속 경신하는 등 양극화 소식은 어제 오늘의 이야기가 아니다. 그리고 각종 실적 발표에서도 이와 같은 사실이 명확히 드러났다.

우선 백화점과 대형마트의 실적이 엇갈린 점을 들 수 있다. 2018년 매출을 보면 신세계백화점은 1조 7,393억 원으로 전년 대비 +4.4%, 롯데백화점은 3조 2,320억 원으로 전년 대비 +0.9% 증가했다. 이에 반해, 같은 계열사 대형마트인 이마트는 11조 5,223억 원으로 전년 대비 -1.4%, 롯데마트는 6조 3,170억 원으로 -0.1% 역성장했다. 더 두드러진 것은 영업이익이다. 2018년 영업이익을 보면 신세계백화점은 2,423억 원으로 전년 대비 +10.2%, 롯데백화점은 4,250억 원으로 +7.4% 증가했는데 반해, 같은 계열사 대형마트인 이마트는 4,397억 원으로 전년 대비 -26.4%, 롯데마트는 84억 원으로 무려 -79% 역성장했다.

대형마트들이 온라인 업체의 시장 잠식에 대항하여 가격 공세에 나선 측면도 강한 영향을 미쳤으나 생활필수품을 주로 취급하는 대형마트에 비해 고가품을 취급하는 백화점의 실적 호조가 상대적으로 더 두드러져 보이는 것도 사실이다.

백화점 내에서도 빈익빈 부익부 현상은 심화되었다. 전국 71개 백화점 중 상위 1~10위의 백화점은 서울 6곳(강남구 3, 중구 2, 송파구 1), 부산 2곳, 대구 1곳, 경기 1곳(판교)에 위치했다. 2018년 매출은 11조 740억 원으로 전년 대비

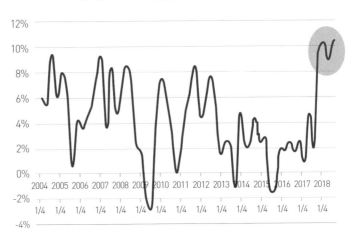

5분위 소득 가구의 전년 동기 대비 소득 증가율

자료: 통계청

+6.7% 증가했다. 반면, 하위 1~10위의 백화점은 경남 4곳, 경기 3곳(안산, 안양, 부평), 서울 2곳(관악, 구로), 강원 1곳에 위치했는데 2018년 매출은 1조 3,441 억 원으로 전년 대비 -5.6% 역성장했다. 소득이 대체로 높은 지역의 백화점과 그렇지 않은 지역의 백화점 실적도 양극화가 진행되고 있는 셈이다.

통계청에서 분기마다 발표하는 소득부문 가계동향조사는 이러한 상황을 뒷받침 하듯, 지금까지의 양극화를 비웃는 수준의 초양극화 양상을 보여줬다. 앞의 그래 프는 월 소득 상위 20%(5분위) 가구의 전년 동기 대비 소득 증가율을 도식화한 것이다. 2018년 들어 9~10%를 넘나드는 소득 증가율을 보여줬다. 이는 2004

5분위 · 1분위 소득 가구의 전년 동기 대비 소득 증가율

●-● 1분위   ●-● 5분위

자료: 통계청

년 3분기 +9.4% 이래 가장 높은 증가율이다. 역대 최대 수준의 증가율을 보여
준 셈인데 이러한 소득 증가율이 다른 분위, 즉 상위 20~100% 계층에도 나타
나고 있다면 문제될 리 없지만 안타깝게도 현실은 다른 양상을 보여주고 있다.
앞의 그래프는 연간 소득 상위 20%(5분위)와 하위 20%(1분위) 가구의 전년 대
비 소득 증가율을 도식화한 것이다. 그 결과는 매우 충격적이다. 2008년 이래 우
리나라는 연간 소득 하위 20%(1분위) 소득 증가율이 상위 20%(5분위) 증가율을
대체로 능가하여(2016년만 예외), 소득 분배 지표가 개선되고 있었는데 2018년
에 급격한 변화가 생겼다.

상위 20% 가구의 연간 소득은 2017년 1억 492만 원에서 2018년 1억 1,504만 원으로 +9.6% 늘어난 반면, 하위 20% 가구의 연간 소득은 2017년 1,726만 원에서 2018년 1,550만 원으로 무려 −10.2%나 감소했다. 참고로 전체 가구 연간 소득 평균은 2017년 5,377만 원에서 2018년 5,594만 원으로 +4.0% 증가했다. 하위 20% 가구의 연간 소득이 −10.2%나 감소한 것은 고용 악화의 직격탄을 받았기 때문으로 보인다. 여기서 엄밀히 말해 하위 20% 소득 가구가 주택 매수 세력이 되기는 어렵기 때문에 해당 가구의 연간 소득 급감이 부동산 시장에 미치는 영향은 미미하리라 생각된다. 그러나 상위 20% 가구의 연간 소득 급증은 주택 매수 여력 확충이라는 점에서 부동산 시장에 영향이 있을 것이다.

소득 상위 20% 가구의 소득 급증이 지속될 경우
서울 아파트 시장 상승은 더 가속화될 수 있다.

2017년 기준으로 우리나라 2인 이상 총 가구수는 1,405만 5,000이다. 그중 상위 20%라면 약 281만 가구 내외가 된다. 약 281만 가구의 2018년 연소득 평균이 1억 1,504만 원이라는 뜻이다. 이들의 소득 급증과 서울 아파트 157만 호에 대한 매수 여력은 별개의 사안으로 볼 수 없다. 상위 20% 가구의 소득 급증 추세가 이어진다면 서울 아파트 시장의 조정이 수년간 지속될 수는 없을 것이다.

PART 02

서울 아파트 시장,
과거 현재 그리고 미래

2018년,
이례적인 상승장

나는 앞서 발간한 두 권의 책에서 서울 아파트 시장이 2018년까지 상승하고 2019년에 조정기를 겪게 될 것이라고 전망했다. 솔직하게 인정하자면, 2018년 상승은 예상했으나 폭등은 예상하지 못했다. 그만큼 2018년 서울 아파트 시장은 이례적인 폭등장이었다. 실제 2018년은 그동안 서울 아파트 시세와 깊은 상관관계를 보여준 지표들과 일제히 디커플링된 해였다. 우선 수요 측면에서 살펴보자.

2015년 노무라 금융투자연구소는 서울 아파트 시세와 10년차 부부 증감률 사이에 밀접한 상관관계가 있음을 밝혀내면서 이를 근거로 2018년까지 서울 집값이 상승할 것이라고 전망했다. 결혼 10년차는 첫 아이가 초등학교에 입학할 무렵이다. 결혼 10년차 부부는 넓은 집으로 이사하거나 전월세를 벗어나 내 집 마련에 적극적으로 나선다. 10년차 부부가 주택 구매의 강력한 수요층이 된다는 추정에서 비롯된 주장이었다.

노무라 금융투자연구소의 전망대로 2000년부터 2017년까지 10

10년차 부부와 서울 아파트 시세 증감률

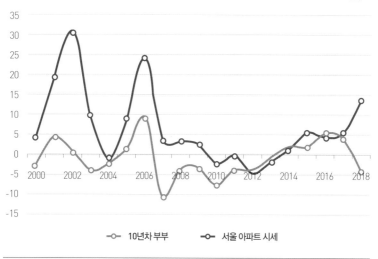

단위: %

자료: 통계청, KB부동산

년차 부부 증감률과 서울 아파트 시세 증감률은 밀접한 상관관계를 보이며 등락을 함께했다. 그러나 그래프에서 보다시피 2018년은 크게 어긋났다. 10년차 부부는 2018년에 감소하기 시작했는데 집값은 크게 폭등하는 디커플링 현상이 발생했다.

이번에는 통화량 측면에서 접근해보자. 집값을 좌우하는 요소 중 수요와 공급만큼이나 중요하다고 생각하는 것이 통화량(M2), 특히 가계부문 통화량이다. 이 역시 서울 아파트 시세와 밀접한 연관성이 있다.

다음 페이지의 그래프에서 보다시피 가계부문 통화량과 서울 아

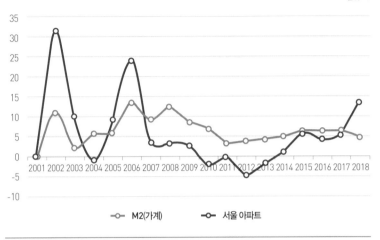

가계부문 통화량과 서울 아파트 시세 증감률

단위: %

—○— M2(가계) —●— 서울 아파트

자료: 한국은행, KB부동산

파트 시세 증감률은 상당히 비슷한 경향을 보인다. 그러나 2018년 가계부문 통화량 증감률이 2013년 수준으로 떨어졌음에도 불구하고 서울 아파트 시세 증감률은 10년 이래 가장 폭등한 모습을 보여줬다. 또다시 그동안 비슷한 경향을 보였던 두 지표가 2018년 들어 디커플링된 것이다.

10년차 부부로 대표되는 수요와 가계부문 통화량과 대비해서 2018년 서울 아파트 시세는 디커플링 및 오버슈팅한 모습이었다. 이는 2018년을 이례적인 폭등장으로 판단케 하는 근거가 되었다. 따라서 2020년 이후 전망도 기존에 깊은 상관관계를 보여준 지표들을 중심으로 풀어나가고자 한다.

2018년 서울 아파트 시세는 그동안 밀접한 상관관계를 보였던
10년차 부부 및 통화량과도 디커플링될 만큼 이례적인 폭등장이었다.

2018년 서울 아파트 시장이 그동안 깊은 상관관계를 보여온 여러 지표와 디커플링되면서 이례적인 폭등장을 연출한 이유는 다름 아닌 규제의 반작용이 수급 왜곡을 불러일으킨 탓이다. 우선 정부가 2017년에 발표한 8.2 대책으로 다주택자 양도세 중과 카드를 꺼내들면서 다주택자들은 양도세가 중과되는 2018년 4월 전에 지방 소재 보유 주택을 처분하고 서울의 똘똘한 한 채에 집중했다. 이는 서울과 지방의 집값 괴리를 더욱 확대시켰다. 다주택자 양도세 중과가 적용되는 4월 이후에는 세금 부담으로 매도하기가 어려워진 데다 임대 등록 유도로 오히려 수년간 다주택자들이 매물을 내놓기 힘든 환경이 조성되면서, 수요 감소(대출 규제)보다 공급 감소(매물 감소)가 더 커진 것이 2018년 폭등을 초래한 가장 큰 이유다.

우리나라는 785만 가구가 1주택, 226만 가구가 2주택, 63만 가구가 3주택 이상을 보유하고 있다(2017년 기준). 1주택자가 보유 주택을 매도하고 무주택자로 돌아가기 쉽지 않다고 볼 때, 결국 주택 시장에 매물로 출회될 수 있는 물량은 다주택자들의 보유 주택이 상당 부분을 차지한다고 볼 수 있다. 그러나 앞서 이야기한 각종 규제로 인해 다주택자들이 보유 주택을 처분하기 어려워지면서 시장에 매물 공급을 대폭 축소시킨 결과가 2018년 수급 왜곡을 초래했다. 거기에 박원순 서울시장의 용산·여의도 통합 개발 발언이 불쏘시개

가 되어 부동자금이 일제히 서울 아파트 시장으로 몰려든 것 역시 무시할 수 없는 영향이다.

이렇듯 정부 규제의 반작용은 그 영향을 정확히 측정하기 힘들지만 그동안 서울 아파트 시세와 밀접한 상관관계를 보이던 요소와 디커플링될 정도로 그 영향은 매우 컸다고 볼 수 있다.

지금의 서울 집값,
분명 비싸다. 그러나…

    2019년 서울 아파트. 그 가격대가 비싼지 아닌지에 대해서 각자 다른 의견을 갖고 있으리라 생각한다. 접점을 찾기 어려운 부분일 수록 객관적인 지표를 가지고 접근해야 한다.

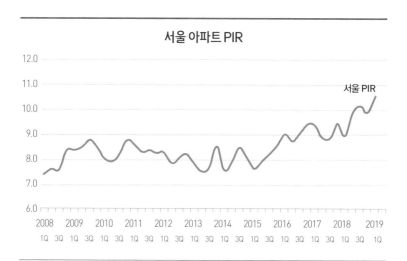

앞의 그래프는 2008년 1분기부터 2019년 2분기까지의 서울 아파트 PIR 추이를 그린 것이다. PIR이란 Price to Income Ratio의 약자로, 주택 가격을 가구 연간 소득으로 나눈 지표다. 여기서 주택 가격은 서울 KB국민은행 부동산 담보대출 실행 시 조사된 담보평가 가격의 중위값, 가구 연간 소득은 서울 KB국민은행 부동산 담보대출자의 연간 소득 중위값을 사용했다. 소득 대비 집값의 배율을 나타내는 PIR은 소득 대비 주택 가격의 적정성을 나타낼 때 사용하는 지표다. 서울의 경우 2019년 2분기 10.5를 기록했다. 이는 서울 중간 소득계층이 서울의 중간 가격대 아파트를 구입할 때 한 푼도 쓰지 않고 10.5년을 모아야 집을 구입할 수 있다는 의미다. 과거와 비교해도 이는 상당히 높은 수치다. 서울 아파트 PIR 전고점은 2009년 3분기의 8.7이었는데, 7년만인 2016년 1분기에 9.0을 기록하여 전고점을 돌파하더니 계단식 상승을 거듭하여 2019년 2분기 10.5에 다다랐다. 소득 대비 집값을 따져보면 현재가 역대 최고점인 것이다. 분명, 지금의 서울 집값이 비싸다고 평가할 수 있는 대목이다.

서울 주택 시장의 버블 수준을 판단할 때 사용하는 지표가 또 있다. 바로 한국주택금융공사 주택금융연구원에서 분기마다 발표하는 주택구입부담지수다. 해당 지역의 중간소득 가구가 표준대출을 받아 중간가격 주택을 구입하는 경우의 상환 부담을 계량화한 것이다. 지수가 높을수록 중간소득 가구의 주택 구입 부담이 높아지는 것을 의미한다. 사실상 가구의 주택 구입 여력을 나타내는 지수라

서울 주택구입부담지수

자료: 주택금융연구원

고 할 수 있다.

지수 100은 주택담보대출 상환으로 가구 소득의 약 25%를 부담한다는 의미로, 이는 중간소득의 서울 근로자가 중간가격의 서울 주택을 구입할 때 소득의 약 25%가 주택담보대출 원리금 상환에 필요하다는 것을 뜻한다.

2019년 2분기 기준 서울 주택구입부담지수는 124.6으로 최근 15년간 평균인 119.1(그래프상 일직선)을 불과 +5%만 초과했다. PIR은 역대 최고점을 경신중이나, 그래프에서 보다시피 주택구입부담지수는 중장기 평균을 소폭 초과했을 뿐 역대 최고점과 아직 거리가 있다. PIR에 비해 주택구입부담지수는 1가지 지표를 더 분석 도구로 사용하고 있기 때문이다. 즉, 주택구입부담지수는 주택 가격 및 가구 소득 외에 금리를 사용하여 지수를 도출하고 있다. 따라서 소득 대비 주택 가격은 최고점을 경신하고 있으나, 주택구입부담지수가 아직 최고점에 도달하지 못한 이유는 당시에 비해 저금리로 인해 주택 구입을 위한 대출 자금 조달 비용이 저렴하기 때문이다. 주택구입부담지수 전고점인 2008년 2분기 164.8과 2019년 2분기 124.6과는 아직 32% 정도 차이가 있는데, 해당 시기의 한국은행 기준금리는 각각 5.0%와 1.75%로 상당한 격차를 보이고 있는 점이 이러한 현상의 원인이라고 볼 수 있다.

거기에 역대 최고점을 기록 중인 PIR에도 불구하고 서울 집값을 강하게 지탱해주는 힘이 하나 더 있으니, 바로 매매가를 받쳐주는 전세가 상승이다. 2019년 2분기 서울 아파트 매매가 3분위값은 7억 254만 원, 전세가 3분위값은 4억 810만 원으로 매매가와 전세가 차이가 2억 9,444만 원이다. 이에 비해 PIR 전고점이었던 2009년 3분기 서울 아파트 매매가 3분위값은 4억 5,117만 원, 전세가 3분위값은 1억 7,945만 원으로 매매가와 전세가 차이가 2억 7,172만 원이다. 2009년 3분기와 2019년 2분기 사이에는 10년이라는 시간 차이가 있는데 매매가와 전세가 차이는 크게 달라지지 않았다.

결국, 서울은 소득 대비 집값이 역대 최고점을 경신하고 있으므로 일반적인 시각으로 봤을 때 현재의 집값 수준이 과거 어느 때보다 비싸 보이는 게 사실이다. 그러나 대출(주택구입부담지수 역대 최고점과 아직도 괴리가 있음)이 되었든, 갭투자(10년 전과 비슷한 매매가와 전세가 차이)

가 되었든 주택을 구입하기 위한 조달 비용이 과거에 비해 상대적으로 저렴하기 때문에 집값이 매우 비싸 보여도 하락을 논하기에는 시기상조다.

수도권 신도시의
위력

2020년은 어떠한 모습으로 우리에게 다가올 것인가. 갈수록 2020년은 2005년의 모습을 닮아가고 있다. 1999년부터 2003년까지 상승한 서울 아파트 시장이 2004년 두 분기 동안 조정기를 겪고 재상승의 길을 걸은 모습과, 2014년부터 2018년까지 상승한 서울 아파트 시장이 2019년의 두 분기 동안 조정기를 겪고 다시 상승의 채비를 갖춰가고 있는 모습이 닮았다는 뜻이다. 큰 그림부터 접근해보고 수요, 공급, 통화량 등 세부 요소를 파고들 예정이다.

우선 2004년과 2019년의 서울 아파트 시장을 비교해보자. 2004년은 앞서 밝힌 대로 1999년부터 2003년까지 상승기를 겪은 서울 아파트 시장이 조정기를 겪은 해다. 가파르게 상승하던 전세가는 2003년 1분기를 기점으로 하락세로 전환했다. 2005년 1분기까지 무려 2년간 하락세를 겪었다. 5년간의 상승세로 피로가 누적된 서울 아파트 시장은 전세가 하락 여파를 견디지 못하고 매매가도 2004년 2분기를 정점으로 반년간 하락했다.

2019년도 마찬가지로 2014년부터 2018년까지 상승기를 겪은 서울 아파트 시장이 조정기를 겪은 해다. 해당 상승기 동안 전세가는 상승일로를 걸어왔으나 2017년부터 이상 조짐을 보이더니 2018년 4분기를 기점으로 하락 전환했다. 이 역시 마찬가지로 5년간의 상승세로 피로가 쌓인 서울 아파트 시장은 전세가 하락 여파까지 겹치자 전세가와 마찬가지로 2018년 4분기를 정점으로 반년간 하락세를 겪었다.

비슷한 점은 또 있다. 수년간 집값이 상승세를 겪자 정부는 각종 규제책을 융단폭격처럼 쏟아냈다. 투기과열지구 확대, 투기과열지구 내 분양권 전매 금지, 재건축 안전진단 강화 등 유사한 규제책이 잇따라 도입 시행된 점, 그로 인해 상승세가 주춤했던 모습도 2004년과 2019년의 비슷한 점이라 할 수 있다.

마지막으로 신도시 발표도 비슷한 점이다. 노무현 정부는 서울 집값을 잡기 위해 각종 수요 규제책을 내놓았을 뿐 아니라 2기 신도시를 발표했다. 문재인 정부 역시 마찬가지로 수요를 억제하는 규제책을 계속 내놓음과 동시에 3기 신도시를 발표했다.

이렇게 비슷한 배경들이 누적되어 2004년과 2019년은 비슷한 상황이며, 이는 이듬해인 2020년이 2005년과 비슷한 길을 걷게 될 가능성을 키운다.

그렇다면 이번에는 신도시의 의미와 영향에 대해 알아보자. 1980년대 중후반부터 3저 호황에 힘입어 서울 집값도 가파른 폭등세를 보이자 노태우 정부는 주택 부족을 해소하기 위해 1기 신도시 계획을 발표, 대규모 신도시 건설에 나섰다. 우리나라 최초의 대규모 신도시라 할 수 있는 1기 신도시로 모두 알다시피 분당, 일산, 산본, 중동, 평촌에 29만 2,000호가 건립되었다.

2기 신도시도 비슷한 양상을 보였다. IMF를 거치고 1999년부터 서울 집값은 다시 폭등하기 시작했다. 정부는 2001년 판교신도시 지구 지정, 2004년 광교신도시 지구 지정, 2006년 위례신도시 지구 지정 등 2기 신도시 대규모 건설을 통해 서울 집값 잡기에 나섰다.

여기서 발견할 수 있는 공통점이 있다. 1기 신도시, 2기 신도시 모두 서울 집값이 폭등 내지 장기간 상승하는 상황에서 서울 집값을 잡으려는 목적으로 계획이 수립되었는데 ① 실제 입주까지 상당 기간이 걸려 당장 서울 집값을 잡는 데 한계가 있었다는 점(오히려 단기 버블을 더 키웠음), ② 그리고 폭등 지속으로 장기 상승의 피로감이 누적되던 시점에서야 입주가 시작됨으로써 하방 압력이 극대화되어 장기간의 조정장을 초래했다는 점이다.

1988년 발표된 1기 신도시 계획은 1990년까지 이어진 서울 집값 폭등을 막지 못했다. 그러나 1991년부터 입주가 시작되자 이내 서울 집값은 하향 안정화되었다. 2001년부터 잇따라 발표된 2기 신도시 계획도 1999년부터 2009년까지 서울 집값 상승을 막지는 못했다. 그러나 10년 장기 상승의 피로감 누적에다 판교가 2009년, 광교가 2011년부터 입주를 시작하면서 서울 아파트 시장은 상당 기간 조정장으로 접어들었다.

또 한 가지 눈여겨봐야 할 것은 1기 신도시와 2기 신도시가 발표되고 입주 전까지 서울 아파트는 폭등을 거듭했다는 점이다. 이러한 일이 벌어진 배경에는 어떤 일이 있었던 것일까.

모두가 짐작하는 그것, 토지보상금 때문이다.

1기 신도시가 발표되고 지급된 토지보상금은 3저 호황으로 가파르게 성장하던 경제에 추가로 유동성까지 강화시켜줌으로써 서울 아파트 폭등의 단초를 제공했다. 2기 신도시도 1999년부터 급등을 거듭하는 서울 아파트 시장에 제동을 걸기 위해 2001년부터 잇따라 발표되었다. 이는 오히려 단기적으로 서울 아파트 매매가 상승을 자극시킨 꼴이 되고 말았다. 1999~2003년 폭등 후 2004년 잠시 조정기를 겪은 서울 아파트 시장이 2005년부터 다시 폭등한 데에는 판교신도시의 토지보상금이 2004년부터 풀리기 시작한 점을 간과할 수 없다. 뒤이어 광교신도시의 토지보상금이 2006년부터 풀리면서 집값 상승 추세에 기름을 끼얹었다. 참고로 2006년 서울 아파트 상승률은 연간 기준으로 역대 3위에 해당한다. 토지보상금의 위력은 다시 2009년에 제대로 발휘한다. 2008년 8월 글로벌 금융위기가 터지면서 곧바로 하락 전환했던 서울 부동산은 2009년 다섯 차례의 금리 인하와 위례신도시 토지보상금 지급으로 시중 유동성이 크게 강화되면서 6월부터 다시 반등했다. 물론 10년간의 급등에 따른 피로감 누적과 반값 아파트(보금자리) 보급, 2기 신도시(판교, 광교) 입주 개시 등으로 2010년부터 다시 하락 전환했지만 하락 추세를 반년간 반등시킬 만큼 토지보상금이 유동성 확대에 큰 영향을 미친 것이다.

물론 신도시 정책 효과를 무시할 수는 없다. 앞서 밝힌 대로 1기 신도시와 2기 신도시 모두 입주 시점에는 서울 아파트 시장에 분명한 하방 압력을 제공했다. 문제는 그 전에 토지보상금이 대거 시중에 풀리면서 단기적으로 서울 아파트 시장에 상방 압력을 제공해온 점이다. 서울 부동산의 상승 추세를 막으려고 신도시를 발표했는데 신도시 조성을 위한 토지보상금 지급으로 서울 부동산에 추가적인 상승 동력을 제공했고 이렇게 추가적으로 형성된 버블이 극대화된 시점에서야 입주가 시작되어 중장기 조정을 초래한 공통점이 있는 것이다. 결국 신도시는 양날의 칼과 같은 정책 수단이다.

수도권 신도시는 서울 부동산 시장에 단기적으로 상승 압력을,
장기적으로 하락 압력을 제공한다.

3기 신도시는 어떠한가. 2014년부터 서울 집값이 다시 상승하기 시작하면서 2018년까지도 상승을 이어가자 정부는 남양주, 하남, 과천, 인천에 이어 고양, 부천까지 여섯 지역에 18만 호에 이르는 3기 신도시 건설계획을 발표했다.

정부는 3기 신도시 카드를 통해 서울 집값을 잡으려고 했다. 그러나 결국 1기, 2기 신도시와 마찬가지로 3기 신도시가 입주를 시작하기 전까지는 토지보상금 지급으로 오히려 서울 집값에 상승 동

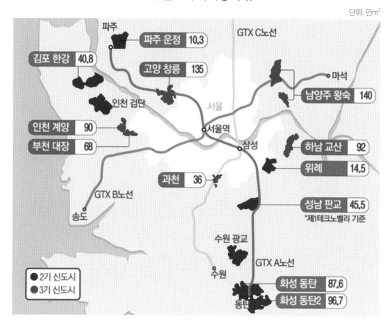

2·3기 신도시 자족용지 규모

단위: 만㎡

자료: 매일경제

력을 제공하게 될 가능성이 크다. 국토부가 발표한 계획대로 순조롭게 진행된다면 2020년부터 대규모 토지보상금이 풀릴 것이다. 물론 어디까지나 국토부 계획대로 진행될 경우이고 과거 판교, 광교, 위례 신도시가 지구지정 2~3년 후 토지보상금이 지급되었다는 것을 감안하면 오히려 토지보상금 지급 시기는 2022~2023년으로 예상하는 게 현실적이다.

그렇다면 서울 집값을 다시 장기간 조정장으로 접어들게 할 수 있는 3기 신도시 입주 시점은 언제가 될까. 다음의 표는 3기 신도시

수도권 30만 호 연도별 주택 공급 계획

단위: 만 호

구분	계	2022년까지	2023년	2024년	2024년	2025년
주택수	30	7	6.7	5.8	6.1	4.4

자료: 국토부

18만 호 포함 수도권 30만 호에 대한 공급(분양) 계획이다. 정부는 2021~2022년부터 분양을 개시해 2023~2024년부터 순차적인 입주를 목표로 한다. 그러나 과거의 사례들을 통해볼 때 이는 달성이 쉽지 않다. 2기 신도시 사례들을 살펴보자.

① 판교
2001년 지구 지정 → 2004년 토지 보상 → 2009년부터 입주 개시
② 광교
2004년 지구 지정 → 2006년 토지 보상 → 2011년부터 입주 개시
③ 위례
2006년 지구 지정 → 2009년 토지 보상 → 2014년부터 입주 개시

대체로 지구 지정이 이뤄진 7~8년 후 입주가 개시되었음을 알 수 있다. 따라서 국토부가 2020년 지구 지정을 목표로 하고 있다면 현실적으로는 2027~2028년부터 입주가 시작될 가능성이 크다. 좀 더 정확도를 높인다면 실제 토지 보상이 언제 진행되는지 눈여겨보

는 것도 방법이다. 판교, 광교, 위례 모두 토지보상금이 지급되고 5년 후부터 입주가 시작되었기 때문이다.

입주가 시작되는 시기인 2027~2028년 즈음이면 GTX-A·C, 신안산선이 개통되었을 것이므로 3기 신도시 입주와 맞물려 해당 시기에는 서울 집값에 대한 하방 압력이 매우 클 것으로 전망된다.

3기 신도시의 영향력을 저평가하는 의견들도 많으나 1, 2기 신도시 입주가 서울 아파트 시장에 하방 압력을 제공한 것은 명백한 사실이다. 그런데 앞서 게재한 사진을 봐도 3기 신도시가 대체로 1, 2기 신도시보다 서울에 가깝게 위치하기 때문에 입주 시 적어도 서울 전세가에 상당한 영향력을 발휘할 것으로 보인다. 이는 매매가와 전세가의 갭을 벌려 매매가 상승에도 제약 요소로 작용할 가능성이 크다. 단, 그 시점이 예상보다 훨씬 뒤가 될 것이라고 추정할 뿐이다.

물론 막대한 토지보상금이 서울 부동산을 상승의 길로 반드시 인도한 것은 아니다. 노무현 정부(103조 원)때보다 이명박 정부(117조 원)때 토지보상금이 더 풀렸으나 알다시피 이명박 정부 때 서울 부동산이 하락했던 사례가 이를 입증한다. 그러나 더 자세히 들여다보면 이명박 정부가 들어섰던 2008년 1분기는 앞서 23페이지에서 보여줬던 매매지수와 전세지수의 이격 수준, 즉 매매지수를 전세지수로 나눈 결과가 157%에 이르러 버블의 최정점(2009년 3분기 164%)에 육박하는 수준이었다. 반면, 노무현 정부가 들어섰던 2003년 1분기의 매매지수는 전세지수 대비 108%에 불과한 수준이었다. 즉, 전세지수에 비해 매매지수가 이명박 정부 때는 고평가된 상황이었고, 노무현 정부 때는 저평가된 상황이었다.

따라서 대규모 토지보상금이 풀렸다 하더라도 이명박 정부 때는 서울 집값이 역대 최대 수준의 버블을 맞이하고 있을 때라 토지보상금이 서울로 유입되지 않아 집값의 추가적인 상승을 이끌어내지 못한 반면, 노무현 정부 때는 서울 집값이 저평가된 상황이었기 때문에 토지보상금이 서울로 대거 유입되어 매우 큰 힘을 발휘한 것이다.

앞서 언급한대로 2019년 3분기의 매매지수는 전세지수 대비 117% 수준이다. 이는 노무현 정부가 들어서던 시기의 108%보다는 조금 높은 수준이나, 이명박 정부가 들어서던 시기의 157%에 비하면 상당히 낮은 수준이다. 따라서 3기 신도시로 인해 토지보상금이 막대한 규모로 풀릴 경우, 서울 부동산은 다시 탄력을 받을 수 있다.

현재의 매매, 전세지수 간 이격 수준이 그렇게 크지 않음을 감안하면 막대한 토지보상금은 다시 힘을 발휘할 것이다.

10년차 부부를 뛰어넘는
수요층

이제부터는 세부적인 내용을 짚어보려고 한다. '들어가며'에서 이미 밝힌 바와 같이 그동안 발간한 책 그리고 온라인상에 기재한 글 중에서 독자들의 관심을 가장 많이 받고 장점으로 언급된 부분은 10년차 부부를 수요의 지표로 삼았다는 점이다.

10년차 부부와 서울 아파트 시세 증감률이 비슷한 추이로 움직였기 때문에 10년차 부부를 강력한 주택 수요층으로 판단했다. 이에 공감하는 의견도 많았다. 그러나 '10년차 부부만 강력한 수요층인가, 9년차와 11년차 부부는 어떠한가'라는 지적은 나를 고민하게 만들었다. 이에 전국, 서울, 경기의 7~11년차 부부를 총 78개 조합으로 쪼개서 이 중에서 2000년부터 2017년까지 서울 아파트 시세 증감률과 가장 밀접한 상관관계를 보이는 조합을 찾아보았다. 상관계수가 0.5만 넘어도 통계적으로 유의미한 상관관계가 있다고 보는데, 서울의 10년차 부부는 서울 아파트 시세와 0.51의 상관계수였다. 그런데 78개 조합 중 서울 10년차 부부보다 더 높은 상관관계를 보여주는 조합이 3개가 발견되었다.

① 서울·경기 10~11년차 부부, ② 서울 10~11년차 부부, ③ 서울·경기 10년차 부부 순으로 서울 아파트 시세와 높은 상관관계를 보여줬다. 이는 경기도에 거주하는 10~11년차 부부도 서울 주택의 매매 수요 계층으로 볼 수 있다는 것을 의미한다.

서울 아파트 시세와 가장 밀접한 상관관계가 있는 수요 계층은
서울·경기 10~11년차 부부다.

또 한 가지 놀라운 것은 2010년대 들어 서울·경기 10~11년차 부부와 서울 아파트 시세 증감률은 더욱 높은 상관관계를 보여주고 있다는 점이다. 다음 표에서 각 연차별 부부 조합과 서울 아파트 시세 증감률 간 상관계수를 소개하고자 한다.

서울 아파트 시세 증감률과 상관관계가 가장 높은 연차별 부부 조합

(서울 아파트 시세 증감률과의 상관계수)	2000~2017년	2010~2017년
서울·경기 10~11년차 부부	0.61	0.83
서울 10~11년차 부부	0.58	0.82
서울·경기 10년차 부부	0.53	0.82
서울 10년차 부부	0.51	0.79

자료: 통계청, KB부동산

앞서 상관계수가 0.5 수준만 되어도 통계적으로 유의미한 상관관계가 있다고 언급했다. 연차별 부부 네 조합 모두 2000~2017년에 모두 0.5가 넘는 상관계수를 보여주며 서울 아파트 시세와의 상관관계를 입증하고 있다. 특히 2010~2017년에는 상관계수가 0.8 내외까지 올라가면서 더욱 깊은 상관관계를 보여준다. 서울·경기 10~11년차 부부를 가장 강력한 수요 계층으로 판단한 이유다. 10~11년차 부부는 첫 아이가 초등학교에 입학할 무렵이 되면서 정착을 위해 내 집 마련에 적극적으로 나서는 실수요층이라고 할 수 있다. 9.13 대책이 다주택자 및 투자 수요를 철저히 차단하는 데 초점을 맞춘 규제임을 감안한다면 이들 실수요층의 증감이 아파트 시장에 미치는 영향은 더욱 커질 것이다.

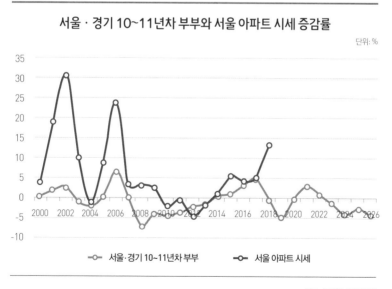

서울 · 경기 10~11년차 부부와 서울 아파트 시세 증감률

단위: %

자료: 통계청, KB부동산

그렇다면 서울 아파트 시세와 가장 밀접한 관계를 보이는 서울·
경기 10~11년차 부부의 향후 증감률 추이에 대해 알아보자. 서울·
경기 10~11년차 부부는 앞의 그래프에서 보다시피 2019년에 크
게 감소한다. 2019년 감소율 −5.0%는 2008년 −7.2% 이래 11년
만의 최대 감소폭이다. 서울 아파트의 주요 매매 수요층이 2019년
에 크게 감소하는 셈인데 2020년 보합세(-0.3%)로 돌아서고 2021년
에 +2.9%로 적지 않은 증가세를 보인다. 2022년은 +0.7%로 소
폭 증가하고 2023년 −1.4%로 감소 전환한 이후 줄곧 감소폭이 커
진다. 따라서 서울·경기 10~11년차 부부로 대표되는 서울 아파트
매매 수요는 2024년부터 상당한 규모로 감소할 전망이다.

서울 아파트의 강력한 매매 수요층인 서울·경기 10~11년차 부부는
2019년 큰 폭으로 감소했다가 2021년 다시 크게 증가하고
2024년부터 다시 큰 폭의 감소를 거듭할 예정이다.

여기서 한 가지 짚고 넘어가야 할 부분이 있다. 가구가 주택 수요
의 기본이 된다는 데에는 이견이 없을 것이다. 인구 증가폭이 계속
줄어들고 급기야 2019년부터 자연 감소가 시작되는데 기인한 부동
산 비관론에 대한 반박으로, "가구수는 계속 늘어나므로 주택 수요
역시 계속 늘어난다"는 주장이 제기되고 있다.
그런데 이에 대해 일각에서 다시 반박하고 있는 부분이 바로 서
울 가구수 증가의 허구다. 즉, 서울의 가구수가 증가하는 것은 사실

서울 가구수

구분	2010년	2015년	2016년	2017년
서울 가구수	350.4만	378.4만	378.5만	381.3만
서울 1인 가구수	85.5만	111.6만	113.9만	118.1만
서울 2인 이상 가구수	265.0만	266.9만	264.6만	263.3만

자료: 통계청

이나 그 내면을 자세히 들여다보면 1인 가구의 증가로 가구수가 늘어나는 것이고, 아파트 수요층이 될 2인 이상 가구는 오히려 감소하고 있기 때문에 서울 아파트 수요 역시 감소하고 있다는 주장이다.

앞의 표에서 보다시피 실제로 서울의 가구수 증가는 1인 가구수의 급증 때문이다. 아파트의 주 수요층이 2인 이상 가구라는 점을 감안하면 서울 2인 이상 가구수의 감소는 서울 아파트 수요 감소로 이어질 것으로 판단할 수 있다.

그러나 앞서 설명한대로 서울 10년차 부부보다 서울·경기 10~11년차 부부의 증감률이 서울 아파트 시세와 더욱 밀접한 상관관계가 있다는 것을 감안한다면 경기 10~11년차 부부 역시 서울 아파트에 관심 있는 수요층이라고 볼 수 있다. 서울에서 경기로 거처를 옮긴 인구 상당수가 서울에 관심이 없거나 서울이 싫어서라기보다는 서울의 높은 집값을 감당하기 힘들어 옮겼다고 추정된다. 따라서 금전적 여건만 마련된다면 다시 서울로 회귀할 잠재 수요층이라고 볼 수 있다.

경기 가구수

구분	2010년	2015년	2016년	2017년
경기 가구수	383.1만	438.5만	448.4만	460.3만
경기 2인 이상 가구수	305.4만	335.8만	341.7만	347.8만
서울·경기 2인 이상 가구수	570.3만	602.7만	606.2만	611.3만

자료: 통계청

특히 인천과 경기도에서 서울로 통근·통학하는 인구가 147만여 명(2015년 기준)에 이르고 있다는 사실은 직주근접 트렌드 강화를 예상한다면 서울 아파트 잠재 수요층이 여전히 풍부하다는 판단을 내릴 수 있다.

그런 측면에서 바라봤을 때, 서울 2인 이상 가구수의 감소로 서울 아파트 수요가 감소할 것이라는 추정은 단견이 될 수 있다. 이에 경기 2인 이상 가구수와 서울·경기 2인 이상 가구수도 산출했다.

보다시피 서울과 경기를 합친 2인 이상 가구수는 아직도 꾸준히 증가하고 있다. 서울 10년차 부부보다 서울·경기 10~11년차 부부가 서울 아파트 시세와 상관관계가 더 깊다는 사실, 경기도에서 서울로 통근·통학하는 인구 중에서 서울 진입을 노리는 경기도 거주자가 상당할 것이라는 예상을 해본다면, 아파트 주 수요층인 서울·경기 2인 이상 가구수 증가는 서울의 아파트 매매 수요가 아직도 증가하고 있음을 보여준다. 단, 서울·경기 2인 이상 가구수 증가폭이 연 1만 가구 이하로 사실상 멈추는 단계가 2028년부터 시작된다고 예상되므로(2015년 통계청 장래가구추계 기준) 그 이후는 서울 아파트 수요 역시 감소할 것이다.

서울 아파트의 진정한 매매 수요 감소는
서울·경기 2인 이상 가구수 증가가 사실상 멈추는 수준인
2028년부터 시작된다.

분양가 상한제 6개월 유예는 어떤 영향을 미칠까

국토교통부가 부동산 추가 규제책으로 분양가 상한제 부활을 발표했다. 그렇다면 우선 그 영향력에 대해 따져볼 필요가 있다.

분양가 상한제 부활의 영향을 예측하기에 앞서, 과거 분양가 상한제가 폐지되었을 때를 떠올려보자. 2014년 12월, 정부는 분양가 상한제 적용 기준을 탄력 적용하면서 사실상 제도를 폐지했다. 그 이후 고분양가 분양 성공이 주변 구축 가격까지 끌어올렸다. 참고로 서울 아파트 시세 상승률은 2013년 -1.8%, 2014년 +1.1%, 2015년 +5.6%였다.

대표적인 예가 2016년 3월 평당 3,760만 원이라는 당시 비교적 높은 가격에 분양해 34대1이라는 높은 경쟁률을 기록한 래미안 블레스티지다. 래미안 블레스티지 분양 성공이 2016년 서울 상승의 도화선이 됐다고 해도 과언이 아니다.

분양가 상한제 부활은 분양가 상한제가 없었을 때 발생하는 메커니즘, 즉 고분양가 분양 성공이 주변 구축 가격을 끌어올리는 흐름을 차단하는 데 목적이 있다.

독수리의 비행을 서울 아파트 상승 흐름으로 비유해보면 2개의 날개, 즉 재건축 아파트와 신축 아파트가 상승을 견인해왔다고 볼 수 있다. 분양가 상한제는 이 2개의 날개 중 1개를 꺾어 서울 아파트의 상승을 어렵게 하려는 의도가 담긴 규제책이다.

재건축의 매수 수요가 신축으로 집중되면서 신축이 지속적으로 상승하고 이것이 다시 재건축을 밀어 올린다는 의견이 많다. 그러나 분양가 상한제가 시행되어

시세보다 상당히 싼 가격에 신축이 나오기 시작하면 신축 수요의 상당 부분이 청약으로 몰릴 가능성을 배제할 수 없다. 분양가 상한제의 실제 의도, 즉 주택 수요가 분산되는 것이다. 분양가 상한제에서는 청약 경쟁률이 워낙 높기 때문에 별다른 영향이 없을 것이라는 의견도 있지만 청약 대기자들도 몇 번 떨어지기 전까지 구축을 매수하기보다는 청약을 계속 시도할 가능성이 크다. 그만큼 분양가가 매력적이기 때문이다.

그러나 여기서 정부가 흥미로운 발표를 했다. 바로 '관리처분인가 단지들의 분양가 상한제 6개월 유예'다. 즉, 현재 관리처분인가를 받았거나 신청한 단지들은 분양가 상한제를 피하려면 2020년 4월까지 분양을 하라는 것이다. 이러한 방안을 내놓은 배경에는 관리처분인가 단지들에 대해 분양가 상한제를 소급 적용할 경우 이에 따른 조합원들의 불만 및 법적 분쟁 소지를 줄이기 위함이 있겠지만 다른 의도를 눈여겨볼 필요가 있다.

국토교통부에 따르면 2019년 10월 1일까지 관리처분계획 인가를 받았음에도 분양 단계에 이르지 못한 단지가 61개 단지, 6만 8,000여 호에 이른다. 이들 단지 상당수가 분양가 상한제 유예 기간 내 분양하기 위해 사업 속도를 급속히 올릴 것으로 보인다. 이는 곧 1만 호 내외의 일반 분양 물량이 6개월 동안 쏟아질 수 있다는 것을 의미한다. 로또 청약이라 불리던 삼성동 래미안 라클래시 청약에 1만 2,890명이, 역삼 센트럴 아이파크 청약에 8,975명이 몰렸는데 이들을 소화할 만한 물량이 쏟아지는 것이다. 이미 HUG에서 분양가를 주변 시세보다 상당히 낮게 통제하고 있기 때문에 매력적인 가격의 분양 물량이 쏟아지는 셈이다. 이는 주택 매매 수요의 분산을 초래한다. 분양가 상한제 6개월 유예에 대한 정부의 궁극적인 의도는 여기에 있다.

정부의 또 다른 의도는 분양가 상한제 유예를 통한 분양 집중이다. 관리처분인가 단지들을 2022~2023년에 대거 입주로 이어지게 함으로써 3기 신도시 입주까지의 공급 부족을 해소하려는 데 있다. 그러나 앞서 밝힌 바와 같이 3기 신도시가 바통을 이어받아 2024년부터 입주를 본격화하기란 쉽지 않다. 판교, 광교, 위례 신도시 입주가 지구 지정부터 모두 7~8년 소요되었음을 상기한다면 2020년에 지구 지정이 된다고 하더라도 2027~2028년에야 현실적으로 입주가 가능하다.

따라서 관리처분인가 단지들이 2022~2023년 대거 입주하게 될 가능성이 커졌으나 2024년 이후 공급 절벽이 더욱 가속화될 것으로 보인다. 결론적으로는 분양가 상한제 및 6개월 유예는 단기적으로 주택 매매 수요의 분산을 초래하여 고가 아파트 상승세를 축소시키나 매매 수요의 전세 수요 전환으로 전세가에 상방 압력을 제공할 것으로 보이고, 2024년부터 3기 신도시 입주 전까지는 공급 감소가 확대될 가능성이 크다.

공급 감소,
이보다 더 큰 매물 감소

수요를 알아보았으니 이번에는 공급 차례다. 여기서 공급이라 함은 입주 물량을 의미한다. 2020년은 착공 물량으로, 2021~2023년은 인허가 물량으로 입주 물량 추정이 가능하다.

우선 서울 아파트 연도별 착공 실적을 알아보자.

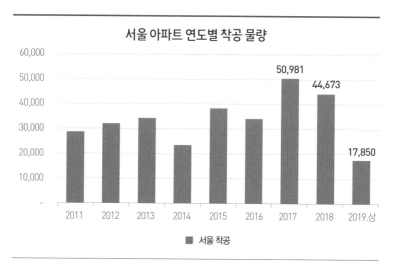

자료: 통계청

2018년 착공 실적은 4만 4,673호로 2017년 5만 981호보다는 적지만, 2011~2018년 연평균 3만 6,151호를 +24%나 상회했다. 2018년에도 착공 물량이 많았다는 뜻으로 이는 2020년 입주 물량 역시 상당히 많다는 의미다. 실제 부동산114 기준으로 2019년 4만 3,000여 호, 2020년 4만여 호 입주가 예상되어 2011~2018년 연평균 입주 물량에 비해 각각 +30%, +20% 많은 물량이다. 2019년 상반기 착공 실적은 1만 7,850호로 하반기도 이와 비슷한 물량이 착공된다고 가정하면 2019년은 예년 수준의 착공이 예상된다.

그리고 서울 아파트 전세가에 영향을 미칠 수 있는 수도권 아파트 착공 물량은 다음과 같다.

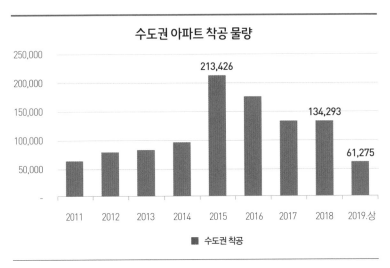

자료: 통계청

2015년 21만 3,426호라는 역대급 착공을 기록한 이후 수도권의 착공 물량은 감소를 거듭하다가 2018년 감소 추세가 멈췄다. 그러나 2018년 착공 물량도 13만 4,293호로 여전히 2011~2018년 연평균 12만 2,131호를 상회하고 있어 수도권도 아직 착공 물량은 많다고 볼 수 있다.

결론적으로 2019~2020년 서울 아파트 입주 물량은 상당한 수준이 될 것으로 보이며 수도권 입주 물량 역시 감소 추세이긴 하나 2019~2020년 입주가 적은 물량은 아니다. 즉, 2020년 서울 아파트의 공급은 부족하지 않다.

그렇다면 2021~2023년 서울 아파트 입주 물량은 어느 정도일까. 해당 시기의 입주는 2~4년 뒤의 이야기이므로 앞서 밝힌 대로 인허가 실적을 가지고 예측할 수밖에 없다.

아파트 정비사업(재건축, 재개발)의 경우 사업시행인가를 인허가로 간주한다. 서울 아파트 공급의 대부분이 정비사업을 통해 이뤄지기 때문에 사업시행인가, 즉 인허가 5년 후를 대체적인 입주 시점으로 추정해볼 수 있다. 단, 재건축의 경우 대체로 사업시행인가 4~5년 이후 입주하고, 재개발의 경우 사업시행인가 6~7년 이후 입주한다.

일각에서 2018년 서울 아파트 인허가 급감으로 2023년 공급 절벽, 아파트 대란을 이야기하고 있는데 반은 맞고 반은 틀린 이야기다. 우선 2018년 서울 아파트 인허가 실적은 3만 2,848호로 최근 15년 중 여섯 번째로 적다. 이는 2017년에 주택 인허가가 집중되었기 때문으로 당시 막대한 인허가 물량(7만 4,984호)을 무시할 수 없다.

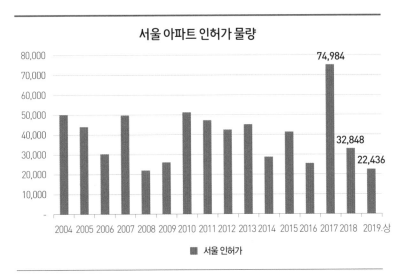

서울 아파트 인허가 물량

74,984

32,848

22,436

80,000
70,000
60,000
50,000
40,000
30,000
20,000
10,000
-

2004 2005 2006 2007 2008 2009 2010 2011 2012 2013 2014 2015 2016 2017 2018 2019.상

■ 서울 인허가

자료: 통계청

2016년 인허가 물량이 2008년 이후 가장 적은 2만 5,226호였기 때문에 2021년 서울 아파트 입주 물량은 상당히 적을 것으로 예상된다. 부동산114에 따르면 2021년 입주 물량은 2만여 호로 2011~2018년 연평균 입주 물량 3만 3,184호의 60% 수준에 불과할 전망이다. 2019~2020년은 초과 공급으로 전세가 하방 압력이 크다면 2021년은 전세가 반등이 가파르게 이뤄질 수 있는 해다.

그 이후 구간에 대해서는 사실상 이번 공급 물량 분석의 핵심이라고 할 수 있다. 2017년의 막대한 인허가 물량이 언제 입주로 이어지는가가 가장 중요한 관심사다. 계획대로 진행된다면 이들 입주 물량은 5년 후 입주로 이어져 2022년은 역대급 입주 물량을 기록하는 해가 될 것이다. 서울 동남권만 보더라도 반포주공 1단지(디에이치 클래스트 5,335호), 신반포 3차＋경남(래미안 원베일리 2,938호), 개포주공 1단지(현대건설+현대산업개발 6,642호), 개포주공 4단지(개포 그랑자이 3,343호), 둔촌주공(현대건설+대우건설+롯데건설+현대산업개발 1만 2,032호)이 바로 떠오를 정도다.

그러나 정비계획 변경 및 관리처분계획 무효소송(반포주공 1단지), 건축 심의 지연(신반포 3차+경남), 상가 철거 및 이주 지연(개포주공 1, 4단지), 석면 조사 장기화에 따른 철거 지연(둔촌주공) 등 각종 이슈로 인해 이들 단지의 입주 시기가 2022년에서 2023년(일부는 2024년)으로 지연될 가능성이 크다. 그런 관점에서 2017년의 막대한 인허가 물량 7만 4,984호는 2004~2018년 연평균 인허가 물량 4만 841호에 비해 ＋84%나 많으나 2022~2023년으로 입주가 분산될 것으로 보여 예년과 크게 다를 바 없는 수준이다.

서울 아파트 입주 물량은 2020년에도 상당한 수준이며
2021년에 크게 감소 후 2022~2023년은 예년 수준의 입주가 예상된다.

다만 여기서도 짚고 넘어가야 할 3가지가 있다.

첫째, 서울 아파트 인허가 물량 그래프를 보면 2019년 상반기 인허가 물량이 2만 2,436호로 예상보다 많다는 사실이다. 그러나 이를 분기별로 나눠보면 1분기는 1만 9,275호, 2분기는 3,161호로 확연한 차이가 있다. 그나마 1분기 인허가 물량 1만 9,275호 중 한남

전국 주택임대사업 등록자 수

자료: 통계청

3구역 재개발 5,816호, 갈현1구역 재개발 4,116호, 제기4구역 재개발 909호 등 대부분이 재개발 사업시행인가 물량이다. 즉, 언뜻 보면 2019년 상반기 인허가 물량이 예상보다 많아 보이나, 실제는 대부분 입주까지 6~7년이 걸리는 재개발 사업시행인가 물량이라는 점 그리고 2분기에는 그마저도 인허가가 급감한 모습으로 보아 2024년부터 3기 신도시 입주까지 공급 절벽이 현실화될 가능성은 한층 커졌다.

둘째, 2022~2023년은 예년과 크게 다를 바 없는 수준의 입주 물량이 예상된다. 그러나 매매가에 직접적인 영향을 미치는 매도 물량의 감소폭은 커질 것이다.

앞의 그래프는 전국 주택임대사업 등록자 수의 연도별 추이를 그린 것이다. 특히 2018년에는 전년 대비 +64%나 증가한 40만 7,000여 명을 기록했다. 주택임대사업자 제도의 기본 취지는 임차인들에게 4~8년 동안 집주인의 퇴거 요구와 과도한 임대료 증액 요구 없이 안정적인 거주 환경을 제공하기 위함이다. 따라서 사업 등록을 유도하기 위해 각종 세제 감면 혜택을 제공했다. 그 혜택이란 재산세, 종합부동산세, 종합소득세, 양도소득세 등의 감면을 말하는데 최대한 감면받으려면 8년의 의무임대기간을 거쳐야 하고 이 기간 동안 보유 주택을 매도하면 안 된다. 2018년에는 다주택자에 대한 양도세 중과와 보유세 강화가 발표되면서 주택임대사업 등록자가 앞의 그래프와 같이 급증했다. 규제의 반작용, 즉 주택임대사업 등록자 급증은 의무임대기간 동안 보유 주택을 매도하지 못하게 되므로 주택 매물의 감소 효과를 불러일으킨다. 기본적으로 1주택자가 무주택자로 돌아가기 어렵다는 점을 감안하면 주택 시장에 나올 수 있는 매물은 다주택자들의 보유 주택이 대부분일 수밖에 없다. 각종 규제 강화가 보유 주택 매도보다는 장기 보유로 선회하게 함으로써 중장기적으로 주택 매물의 감소 효과를 초래하고 있다.

양도세 중과 등 규제의 반작용은 다른 곳에서도 나타나고 있다. 양도세와 종합부동산세 등 세금 부담 증가와 더불어 공시지가 현실화 등 갈수록 다주택자들을 압박하는 정책이 시행되면서 다주택자들은 주택임대사업자 등록뿐 아니라 보유 주택을 증여하는 움직임을 가속화하고 있다. 그리고 이 역시 주택 매물의 감소 효과를 불러일으킨다.

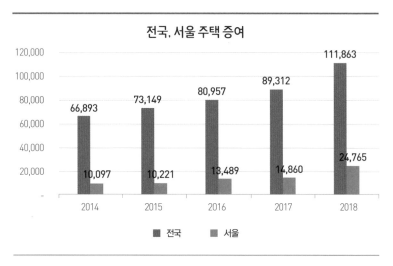

전국, 서울 주택 증여

	2014	2015	2016	2017	2018
전국	66,893	73,149	80,957	89,312	111,863
서울	10,097	10,221	13,489	14,860	24,765

자료: 통계청

　전국, 서울 주택 증여 그래프를 자세히 들여다보면 전국 주택 증여 건수는 2018년에 전년 대비 +25% 증가한 11만 2,000여 건을 기록했다. 서울은 무려 +67%가 급증한 2만 5,000여 건을 기록해 더 큰 폭의 증가 수준을 보여줬다. 그런데 그래프 이면에는 또 다른 사실이 숨어있다. 강남3구(강남, 서초, 송파)는 전년 대비 무려 +121%가 증가한 7,000여 건을 기록했다는 사실이다. 이러한 추세는 2019년에도 이어지고 있다. 헤럴드경제와 한국감정원에 따르면, 서울의 주택거래량 대비 증여 건수 비중은 2017년 5.3%, 2018년 9.4%에 이어 2019년 상반기 12.4%를 기록해 지속적으로 늘어나는 추세다. 2006년 주택 거래 통계를 시작한 이래 증여 비중이 10%를 넘은 것은 2019년 상반기가 처음이다. 특히 그 안에서도 강남구 22.1%, 서초구 20.5%, 용산구 26.1% 등 고가 아파트가 많은 지역의 증여 비중이 유독 높았다. 결국 이러한 현상은 전국에서는 서울, 서울 안에서도 고가 아파트 밀집 지역의 중장기 매물 잠김 현상이 심화될 수밖에 없다는 사실을 알려준다.

따라서 2022~2023년 서울 아파트 입주 물량은 예년과 다를 바 없는 수준으로 전세가 역시 큰 폭의 등락은 없을 것으로 점쳐지나, 매물로 나올 수 있는 주택 수는 제한적이므로 입주 물량에 비해 매물 부족으로 매매가가 상방 압력을 받을 가능성이 크다.

2022~2023년의 서울 아파트 입주 물량은 과하지도 부족하지도 않으나, 중장기 매물 잠김 현상이 심화되고 있다.

셋째, 게다가 서울시가 재개발·재건축 등 민간 정비사업 전 과정에 개입하겠다는 계획안을 연이어 발표하면서 2024년 이후 중장기적으로 서울의 입주 물량이 급감할 수 있다. 서울시가 수립에 착수한 '2030 서울시 주거환경정비 기본계획(주택정비형 재개발사업)'에 따르면 기존에는 정비구역으로 지정되면 전면 철거 후에 다시 지었지만, 앞으로는 하나의 구역 안에서도 사업 방식을 다각화해 강제철거를 방지하고 소수 의견을 반영할 방침이다. 가령 보존이나 재생을 원하는 주택이 정비구역 중앙에 위치하면 일조권 문제 때문에 고층 아파트 건립이 어려워지고 결과적으로 사업성 저하에 따라 재개발 자체가 중단될 수도 있다. 기존 재개발 사업은 조합원 75% 이상이 찬성하면 나머지 토지를 수용해 전면 철거가 가능했지만 앞으로는 사업에 반대하는 주민 10~20%가 보존을 요구하면 전면 철거는 불가능하다.

재건축도 마찬가지다. 민간 정비계획 수립 이전 단계에서 시가용적률, 높이 등 핵심 사안에 대한 가이드라인을 제시하는 '도시·건축 혁신안'이 발표됐다. 이는 사실상 아파트 정비사업 과정을 관리하겠다는 것을 의미한다. 결국 단계마다 시의 개입(심의 및 조정)이 들어갈 경우 재건축 속도는 지연될 수밖에 없다.

이뿐만이 아니다. 서울시는 사업 진척이 더딘 재개발·재건축 구역을 대상으로 2020년 3월부터 정비구역에서 해제하는 일몰제 적용에 나설 예정이다. 정비구역 지정 후 2년 이내에 추진위원회를 구성하지 못하거나 추진위원회 승인 후 2년 이내 조합 설립 인가 신청이 이뤄지지 않을 때 일몰제가 적용된다. 아파트 지구로 지정된 정비사업지 13개 구역이 2020년 3월에 이를 적용받을 예정이다. 정비구역에서 해제되면 강화된 안전진단 기준을 적용받는 등 사업을 다시 추진하기가 매우 어려워진다. 서울시의 민간 정비사업 전 과정 개입에 따른 재건축·재개발의 속도 저하뿐 아니라 일몰제 적용 시 규모 자체가 축소될 것으로 보인다.

서울시가 이러한 정책 기조를 유지할 경우 2024년 이후 서울 자체의 입주 물량은 급감할 것이다. 서울 부동산에 하방 압력을 가져다줄 수 있는 3기 신도시 입주도 2기 신도시 사례를 감안하면 2025년까지 입주가 어렵다. 게다가 2020년대 중반부터 1기 신도시 재건축·리모델링에 따른 멸실이 늘어날 경우 중장기적 공급 부족이 재연 및 심화될 수 있다. 따라서 인허가 감소 추세, 1기 신도시 정비사업 추진상황, 3기 신도시 진척상황은 중장기 공급 전망을 위해 지속적으로 확인해야 한다.

과대평가된 이주 물량의 영향력

서울 주택의 공급 부족을 이야기할 때 멸실 주택이 많다는 주장은 단골 메뉴처럼 자주 나오는 이야기다. 입주 물량이 많아도 그만큼 또는 그 이상의 멸실 주택이 나오기 때문에 서울은 지속적으로 공급 부족에 시달릴 수밖에 없다는 의견이다. 서울 집값 상승의 이유로 많은 언론과 기관 그리고 전문가들이 주장하는 내용인데 개인적으로 동의하지 못해 이 부분을 짚어보고자 한다.

서울 공급 부족에 대해 많이 거론되는 내용 중, 2015~2018년에는 멸실 주택이 입주 물량보다 많았지만 2019년에는 입주 물량이 멸실 주택보다 많아 전세가가 안정된다는 의견이 있었다. 반은 맞고 반은 틀리다.

2015~2018년 멸실 주택이 입주 물량보다 많아 공급 부족이 심화되었다면, 2017~2018년 서울 아파트 전세가 상승률이 안정세를 보였다는 사실과 앞뒤가 맞지 않는다.

결국 멸실 주택의 영향력은 과대평가되었다.

재건축, 재개발 등의 이유로 주택이 멸실될 경우 해당 주택 거주자들이 인근으로 거처를 옮겨 전세가 상승을 초래하고 이것이 매매가를 밀어 올린다는 흐름이 그동안 많은 언론과 기관, 전문가들이 주장하는 내용이었다. 또한 서울 공급 부족의 이유 중 하나로 거론되었다.

그러나 멸실되는 주택은 보통 전세가가 매우 낮아서 세입자가 인근 지역으로 거처를 옮겨서 전세가 상승을 초래하기보다는 서울 외곽 또는 서울 밖으로 거주지를 옮길 가능성이 크다. 멸실이 일어나더라도 해당 지역 전세가에 미치는 영향력은 작다.

앞서 말한 의견이 맞는지 데이터를 뽑아봤다. 2017~2018년에 강남 4구에서 가장 이주 물량이 많았던 곳을 꼽으라면 둔촌주공, 개포주공 1단지, 개포주공 4단지, 신반포 3차+경남을 들 수 있다. 해당 단지의 이주 기간 동안 해당 단지가 속한 자치구와 강남 4구 그리고 한강 이남의 전세가 상승률을 추려보았다.

전세가 상승률

구분	해당 자치구	강남 4구	한강 이남
둔촌주공(강동구)	+1.1%	+1.4%	+1.1%
개포주공 1단지(강남구)	+1.0%	+1.1%	+0.9%
개포주공 4단지(강남구)	+0.1%	+0.1%	+0.6%
신반포 3차+경남(서초구)	+1.4%	+1.1%	+1.5%

자료: KB부동산

4개의 거대 단지 거주자들이 인근으로 이주했다면, 해당 자치구의 전세가 상승률은 좁게는 강남 4구, 넓게는 한강 이남을 압도해야 했다. 그러나 결과는 표에서 보다시피 그렇지 않았다.

거주자들의 이주 시 해당 단지가 속한 자치구의 전세가 상승률이 강남 4구를 능가한 것은 신반포 3차+경남 이주 시기뿐이었다. 또한 한강 이남 지역을 능가한 것은 개포주공 1단지 이주 시기뿐이었다.

멸실 주택이 많다고 전세가가 초과 상승하는 것은 아닌 셈이다. 멸실 주택이 전세가에 영향을 미치려면 ① 멸실 주택의 전세가가 해당 지역 전세가 대비 일정 수준이 되거나 ② 해당 단지 거주자 중에 집주인의 비중이 높거나(이주비가 나오므로) 중대형 평형이 많은 단지일 경우 이주 시 주변 지역 전세가에 영향을 줄 수 있다.

그런 측면에서 볼 때, 1기 신도시의 주택 사용가치가 상실되기 시작하는 2020년대에 1기 신도시가 대규모 재건축·리모델링을 시작한다면 서울의 재건축·재개발 지역에 비해 전세가율이 높은 1기 신도시 특성상 주변 지역에 미치는 영향은 상당한 수준이 될 것이다. 2020년대 서울 및 수도권 주택 시장의 뇌관 중 하나로 1기 신도시 대규모 멸실 여부를 눈여겨봐야 하는 이유다.

예상보다 늘어나는 통화량, 그 증가폭을 확대시킬 신도시 토지보상금

주택 가치를 결정하는 요소는 수요와 공급 그리고 통화량(가계부문)이다. 실제 가계부문 통화량과 서울 아파트 시세가 비슷한 추이였음을 앞서 설명했다. 현재 각종 대출 규제로 통화량 증가폭 역시 줄어들고 있다고 많이들 생각한다. 실제 상황은 어떤지 알아보자.

다음 페이지의 그래프는 2010년부터 2019년까지 매해 상반기 가계부문 통화량 증가율을 도식화한 것이다. 이 그래프만 보아도 가계부문 통화량 증가율이 서울 집값에 얼마나 영향을 미쳤는지 확인할 수 있다. 집값 하락기였던 2010~2013년 상반기 가계부문 통화량 증가율은 평균 +1.8%, 집값 상승기였던 2014~2018년 상반기 가계부문 통화량 증가율은 평균 +3.4%였다.

역시 눈에 띄는 것은 2019년 상반기다. 2019년 상반기 가계부문 통화량 증가율은 +3.3%로, 지난 10년간 추이와 비교해보면 다섯 번째로 높다. 증가율이 아닌 증가 금액으로 보면 2019년 상반기는 약 46조 원 증가했다. 이는 2017년 다음으로 큰 증가액이다. 정부

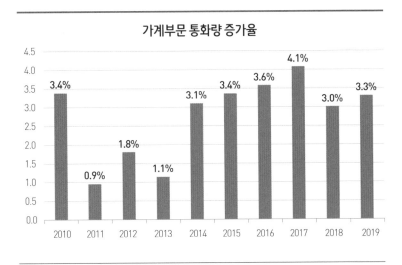

가계부문 통화량 증가율

자료: 한국은행

규제(다주택자 양도세 중과, 주택임대사업자 등록 및 증여 증가)의 부작용으로 매물이 감소한 상황에서 통화량 증가는 부동산에 상방 압력을 줄 수밖에 없다. 특히 3%가 넘는 수준의 증가율이 유지될 경우 부동산도 쉽사리 하락하기 어렵다.

보다시피 2019년 가계부문 통화량 증가율은 예상보다 높다. 정말 중요한 것은 앞서 수요와 공급처럼 통화량도 향후 전망을 밝혀야 하는데 이게 어렵다는 것이다. 다만 현 상황에서 유추할 수 있는 것은 미국이 10년 8개월만인 2019년 8월 금리 인하를 통해 양적 긴축 정책을 종료할 움직임을 보이고 있고 우리나라도 지난 7월과 10월 금리 인하를 전격적으로 단행하면서 앞으로도 지속적인 확장 정

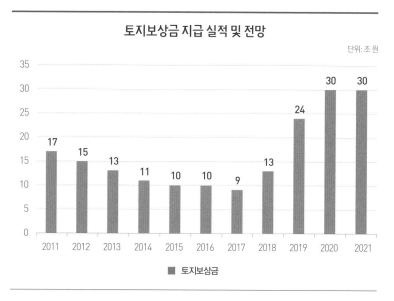

토지보상금 지급 실적 및 전망

단위: 조 원

	토지보상금

자료: 지존

책을 구사할 가능성이 있다는 것이다.

그런데 여기서 또 한 가지 눈여겨봐야 할 부분이 있다. 바로 3기 신도시의 존재다. 정부는 3기 신도시 30만 호 건립을 표방하고 있다. 이는 대규모 토지보상금이 풀린다는 의미로도 연결된다. 결국 대출 규제에도 불구하고 가계부문 통화량은 토지보상금 지급시기와 맞물려 다시 증가폭이 확대될 가능성이 크다.

정부 계획대로라면 2020년부터 3기 신도시 토지보상금이 풀리므로 그래프에서 보다시피 부동산 개발정보 플랫폼 지존도 2020~2021년에는 연간 30조 원 이상의 토지보상금이 지급될 것으로 전망하고 있다. 나는 실제 토지보상금 지급 시기를 2022년 이후로 보고 있지만 언제가 되었든 실제 토지보상금이 풀릴 경우 유동성 확대 효과를 초래한다.

2000년대 서울 아파트가 폭등한 시기를 돌아보면 2004년 판교신도시, 2006년 광교신도시 토지보상금이 풀린 시기와 전후로 들어맞으며, 2008년 8월 글로벌 금융위기 이후 하락 전환한 서울 부동산도 2009년 다섯 차례의 금리 인하 및 위례신도시 토지보상금으로 다시 반등될 만큼 유동성 확대의 힘은 이미 입증되었다.

이러한 상황을 감안할 때, 3기 신도시 사업이 진행되면서 나올 토지보상금은 서울 부동산에 상방 압력을 제공할 것이다. 토지보상금의 지급 시기를 눈여겨봐야 한다.

서울 부동산의 미래

　지금까지 설명한 수요(서울·경기 10~11년차 부부)와 공급(예상 입주물량), 그리고 통화량(가계부문)을 아우른 통합 전망을 해보기에 앞서 각각의 지표가 서울 아파트 시세 증감률과 얼마나 상관관계가 깊은지를 간단히 알아보겠다.

　앞서 계속 언급했던 상관계수인데, 2000년부터 2017년까지 각 지표와 서울 아파트 시세 증감률 간의 상관계수를 살펴보면 ① 수요 0.61, ② 통화량 0.57, ③ 공급 -0.22 순이었다. 참고로 상관계수가 마이너스라고 상관관계가 약한 것은 아니다. 가령 상관계수가 -0.5보다 낮으면 음의 상관관계가 깊다고 볼 수 있다. 수요가 얼마나 서울 아파트 시세와 밀접한 연관이 있는지 알기 쉽게 설명하면, 서울·경기 10~11년차 부부는 정확히 2008년에 감소 전환해 2013년까지 지속적으로 감소했다. 서울 아파트 시세도 2009년부터 2013년까지 하락했다. 그리고 서울·경기 10~11년차 부부가 2014년부터 증가세로 전환하자 서울 아파트 시세도 상승 전환했고, 서울·경

수요, 공급, 통화량 전년 대비 증감률

구분	2001	2002	2003	2005	2006	2015	2017	평균
수요	1.7%	2.7%	-1.2%	0.4%	6.3%	1.0%	4.7%	-0.3%
공급	-26.7%	-30.6%	59.9%	-19.7%	-31.6%	-26.4%	-22.4%	-1.7%
통화량	6.9%	11.3%	2.2%	6.1%	13.1%	6.4%	6.2%	6.6%
서울 아파트	19.3%	30.8%	10.2%	9.1%	24.1%	5.6%	5.3%	6.3%

※ 수요는 서울·경기 10~11년차 부부, 공급은 입주 물량, 통화량은 가계부문을 전년 대비 증감률로 표시했으며, 평균은 2000~2017년 연 평균 증감률이다

기 10~11년차 부부 증감률이 2019년 큰 폭으로 하락하자 서울 아파트 시세도 반년간 조정기를 겪었다. 우연의 일치로 치부하기에는 매우 높은 상관관계를 보여준다. 수요, 공급, 통화량 3가지 요소 중 특히 수요가 서울 아파트 시세와 더욱 밀접한 관계가 있음은 앞의 사례에서 충분히 설명된다. 이는 수치상으로도 입증된 상황이다. 따라서 서울 아파트 시장을 전망하는 데 있어서도 3가지 요소 중 수요를 가장 우선순위에 두고 판단해야 한다.

그리고 추가적인 인사이트를 얻기 위해 서울 아파트 시세가 +5% 이상 상승한 해의 수요, 공급, 통화량에 대해 전년 대비 증감률을 살펴보았다. 여기서 얻을 수 있는 인사이트는 2가지다.

첫째, 서울 아파트가 5% 이상 상승한 해는 공급(입주 물량)이 전년 대비 크게 감소했다는 공통점이 있다. 2003년은 예외이나 그 해에 공급이 크게 확대된 여파로 이듬해인 2004년 매매가 하락으로 이어

졌다.

둘째, 서울 아파트가 15% 이상 폭등한 해(2001년, 2002년, 2006년)는 수요, 공급, 통화량 세 박자가 모두 폭등의 방향으로 맞아떨어졌다. 수요는 평균보다 증가했고, 공급은 전년 대비 크게 감소했으며, 통화량은 크게 증가했다. 거꾸로 말해 세 박자가 맞아떨어지지 않으면 폭등은 힘들다.

이러한 관점을 바탕으로 2020년 이후 서울 아파트 시장을 전망해보자. 우선 서울 아파트 수요의 바로미터가 되는 서울·경기 10~11년차 부부는 2019년 큰 폭의 감소세를 겪은 후 2020년 보합 수준으로 회복하면서 매매가 반등의 시동을 서서히 걸 것으로 보인다. 거기에 2021년 +2.9%로 큰 폭으로 증가하는데 이는 2000년부터 2021년까지 22년의 기간 중 네 번째로 큰 증가폭이다. 2022년은 +0.7%, 2023년은 −1.4%로 보합 수준으로 판단된다. 그리고 2024년부터 본격적인 감소 국면으로 들어간다. 서울 아파트 시세에 가장 큰 영향을 미치는 수요에 해당되는 내용인 만큼 2021년에는 강한 상방 압력을, 2024년부터는 하방 압력이 점차 거세질 것이다.

공급(입주 물량)은 어떠한가. 서울 아파트 입주 물량은 2020년까지 상당한 수준이다. 다만 2019년과 2020년의 입주 물량은 규모 면에서는 비슷하나 성질은 다소 다르다. 2019년 입주 물량은 2018년 12월 말 입주를 시작한 헬리오시티까지 포함할 경우 전체 물량의 절반 정도가 동남권에 집중되어 동남권의 집값이 먼저 내려오면서 다른 지역까지 끌어내린 측면이 있었던 반면, 2020년 입주 물량에서 동남권이 차지하는 비중은 30% 수준으로 내려오고(대신 서남권의 비중이 2019년 10%대에서 2020년 30% 내외까지 상승), 그 물량도 절반 정도는 강동구 입주 물량이다.

이 이야기를 왜 하냐면, 상승과 하락 전환은 대부분의 경우 강남 3구에 위치한 고가 아파트가 시작을 끊었던 과거의 사례들 때문이다. 2019년 매매가 하락은 공급 집중 현상을 겪은 동남권이 선도했다. 그러나 2020년 동남권 입주 물량이 줄어들고 2021년에는 더 큰 폭으로 감소하므로 동남권이 상승을 선도할 가능성은 크다. 게다가 2022년 다시 많은 양의 입주가 예상되었으나 최근 일부 재건축 단지들의 사업 진척이 지지부진하여 2023년까지 입주가 지연된다는 점도 감안해야 한다.

택지 공급 확대 및 서울 주택 수요 분산의 효과를 가져다올 GTX는 어떠한가. 정부 계획대로라면 파주운정에서 동탄까지 83km를 구간으로 삼는 GTX-A의 경우 2023년 개통이 목표다. 인천 송도에서 남양주 마석까지 80km 구간인 GTX-B는 예비타당성 조사를 통과했고 양주 덕정에서 수원까지 74km 구간인 GTX-C는 예비타당성 조사를 통과한 후 기본계획 수립 중이나 사업의 일부 지연은 불가피할 것으로 전망된다. 가령 2019년 들어 GTX-A 건설 공사에 대한 소식이 잇따라 언론을 통해 밝혀졌다. 여기서 눈여겨볼 부분이 있다. 대우건설, 대림건설, SK건설, 한진중공업 등이 잇따라 GTX-A 건설 공사에 대한 수주 계약을 맺었는데 계약 기간이 착공일로부터 60개월로 명시되어 있다. 공사 기간이 5년 걸린다는 내용이다. 이는 정부가 언급한 2023년 개통이 어렵다는 뜻이다. 거기에 노선과 역 신설까지 각 지자체와 국토부 사이에 해결되지 않은 내용들이 있어 이 부분도 지연 가능성을 높인다. 신분당선 건설 당시도 서울시가 양재IC 부근에 역을 추가해달라고 하면서 공사 관련 허가를 내주지 않아 신분당선 개통이 당초 계획보다 1년 지연된 사례가 있다. 상대적으로 사업 속도가 빠른 GTX-A가 이 정도이니 가장 진도가 늦은 GTX-B의 개통 시기는 현 시점에서 가늠하기도 힘들다.

3기 신도시 사업도 산 넘어 산이다. 2019년 하반기에 지구 지정을 완료하고 2020년에 지구 계획 수립 및 보상 착수에 들어가며 2021년에 주택 공급(분양)을 개시한다는 게 정부 계획이다. 그러나 3기 신도시 주민들뿐 아니라 1, 2기 신도시 주민들의 반발도 상당한 수준이다. 벌써 사업 지연이 예상되는 이유다. 정부 계획대로 진행된다 해도 2025년부터 입주가 본격화되는데 여기서 추가로 지연될 가능성이 상당하다. 2기 신도시 사례에서 예상되는 3기 신도시 예상 입주 시기는 2027~2028년이다.

통화량은 그 증가폭이 둔화될 것으로 예상되었으나 3기 신도시 토지보상금이 대거 유입될 경우 유동성이 확대될 수 있다. 정부 계획대로라면 2020년부터 토지보상금이 풀리게 되는데 2020년부터 상승 전환에 대한 시동이 걸리고 2021년 상승폭이 커질 것이라는 전망에 토지보상금까지 유입된다면 상승폭은 상당할 수 있다. 물론 3기 신도시 사업이 당초 계획보다 지연될 경우 토지보상금 지급도 지연될 수 있다.

종합해보자. 수요(서울·경기 10~11년차 부부)는 2020년 회복, 2021년 크게 증가, 2022~2023년 보합, 2024년 이후 크게 감소한다. 공급(입주 물량)은 2020년까지 많고 2021년 크게 감소, 2022~2023년은 예년 수준으로 예상되나 2018년 주택임대사업자와 증여 급증이 매도세의 힘을 낮출 것으로 보인다. 그리고 2024년부터는 입주 물량이 큰 폭으로 감소할 것이다. 통화량에 대해서는 전망이 어려우나 3기 신도시 토지보상금 지급이 정부 계획보다는 늦은 2022년부터 지급될 가능성이 있다. 서울 생활권 확대 및 주택 수요 분산 효과를 가져다올 GTX 개통과 3기 신도시 입주는 각각 2023년과 2025년부터 진행될 예정이었으나 이 역시 최소 2년씩은 지연될 수 있다. 즉, 서울 주택에 대한 본격적인 하방 압력은 수요와 공급 상황을 미루어보건대 2025년부터 점증되다가 2027~2028년경 극대화된다. 이를 통합해보면 연도별 서울 아파트 시장 매매가 전망은 다음과 같다.

① 2020년, 적절한 매수 타이밍을 제공한다.

② 2021년, 수요 증가와 공급 감소가 맞물리면서 큰 폭의 상승을 초래할 가능성이 크다. 여기에 만일 정부 계획대로 3기 신도시 토지보상금 지급이 진행될 경우 상승폭은 더욱 커진다. 수요 증가와 공급 감소, 유동성 강화가 맞물릴 경우 상승폭은 커질 수밖에 없다.

③ 2022~2023년, 수요와 공급이 보합을 이룰 것으로 보이나 주택임대사업자 등록 및 증여 급증에 따라 매물로 출회될 수 있는 주택은 적을 것으로 보여 매매가는 물가상승률 수준의 안정적인 상승폭을 보일 것이다.

④ 2024년, 수요가 감소되는 것은 매매가 상승에 악재다. 그러나 정부와 서울시 규제로 촉발된 인허가 급감 및 3기 신도시 입주 지연은 수요 감소폭보다 더 큰 공급(입주) 절벽을 예고하고 있기에 매매가 상승 가능성을 높여주며 이는 곧 매도 타이밍의 도래를 의미한다.

⑤ 2024년을 매도 타이밍으로 예측하는 이유는 2025년 이후 서울 아파트 시장 전망이 어둡기 때문이다. 2024년부터 서울·경기 10~11년차 부부의 급감과 서울 자체 입주 물량의 급감이 함께 진행된다. 그러나 주택 공급 확대 효과를 지닌 GTX 개통 및 3기 신도시 입주가 각각 2025년, 2027년부터 본격화될 것으로 예상되기 때문에(정부 계획보다 2년 지연될 것으로 가정), 서울 아파트 시장은 10여 년간 이어진 장기 상승의 피로가 누적된 상황에서 하방 압력을 거세게 받는다.

또 다른 이유는 향후 매도 물량으로 출회될 수 있는 잠재 매물의 급증 때문이다. 임대주택등록 사업자 수는 2018년 급증했다. 세제 감면을 받기 위한 의무 등록기간이 8년이라는 점을 감안하면 2018년 급증한 임대주택 등록 물량은 2026년부터 대규모 매물로 출회될 수 있다는 점에서 주의해야 한다. 마침 해당 기간은 GTX 개통 및 3기 신도시 입주가 진행 중으로 서울 아파트 시장의 하락 가능성이 높다. 때문에 장기간 상승으로 시세 차익도 충분히 확보된 주택의 경우 의무 등록기간이 끝나서 매도의 유혹을 더욱 느끼게 될 수 있고, 이 매물들이 출회될 경우 하락 속도는 더욱 가팔라질 수 있다.

> 수요와 공급, 통화량을 바탕으로 한 서울 아파트 중장기 전망은
> 2021년 급등, 2022~2024년 안정적 수준 상승,
> 2025년 이후 하락이 예상되므로 2020년은 매입 적기,
> 2024년은 매도 적기다.

2024년을 서울의 중장기 고점으로 보고 있지만, 예측을 빗나가게 하는 예외 사항이 있다.

첫째는 GTX 개통 및 3기 신도시 입주가 예상(각각 2025년, 2027년)보다 더 지연될 경우다. 이는 서울 주택 공급 확대 효과를 갖는 이벤트가 지연됨을 의미한다. 2019년 상반기 인허가 물량에서 2024년 이후 서울 아파트의 공급 절벽은 확정 사실이라고 언급한 바 있다. 이러한 공급 부족을 상쇄할 GTX 개통 및 3기 신도시 입주가 지연될 경우, 아파트 수요층의 감소보다 더 큰 규모의 공급 감소가 서울 아파트 시장에 상승 동력을 제공해줄 수 있다.

둘째는 1기 신도시의 주택 사용가치 상실로 재건축·리모델링이 활성화되어 멸실이 가속화될 경우다. 1기 신도시는 규모도 규모이

서울 아파트 중장기 전망

구분	2020	2021	2022	2023	2024	2025
수요	☁	☀	🌤	☁	🌧	⚡
통화량	🌤	🌤	🌤	-	-	-
공급	🌧	☀	☁	☁	☀	🌧
통합	☁	☀	🌤	☁	🌤	🌧

※ 가격 상승에 우호적인 전망일수록 해, 지평선의 해, 구름, 비, 번개 순으로 표시했으며 구름을 가장 중간치(보합)로 간주하면 된다

거니와 서울보다 전세가율이 높은 특성상 멸실이 커질 경우 주변 지역에 미치는 영향도 클 것으로 예상되며 이는 서울에 주택 부족의 파급 효과가 연쇄적으로 미칠 수 있는 부분이다.

셋째는 서울 아파트 자체의 멸실 확대 가능성이다. 부동산 서비스 플랫폼 직방에 따르면 2019년 기준으로 서울의 5년 이하 신축 아파트 비중은 8.98% 수준이다. 정부의 부동산 규제가 지속될 경우, 2025년에는 그 비중이 0.65% 수준까지 떨어지는 반면, 준공 30년 초과 단지 비중은 2019년 21.59%에서 2025년 33.46%로 크게 늘어날 것으로 예측된다.

게다가 분양가 상한제 시행 시 서울의 신축 공급은 더욱 축소된다. 이는 서울 신축 아파트의 희소가치를 더욱 높여주고 동시다발적 대규모 멸실 가능성을 키운다. 재건축 연한에 다다른 단지들이 대폭 증가해 재건축 요구가 봇물처럼 터져 나올 경우 표를 먹고 사는 정치인들이 이러한 요구를 무시하기에는 한계가 있다. 결국 각

종 규제로 미루고 미뤄진 재건축은 향후 대규모 멸실 가능성을 계속 키우고 있다.

따라서 GTX 개통 및 3기 신도시 입주와 1기 신도시의 정비사업 진척현황, 서울의 재건축 요구상황은 서울 아파트 매도 타이밍을 찾는 이들에게는 지속적으로 확인해야 할 대목이다.

GTX 개통 및 3기 신도시 입주가 예정보다 지연되거나

서울 및 1기 신도시의 대규모 멸실이 시작될 경우

2024년으로 전망한 중장기 고점은 더욱 지연될 수 있다.

반대로 다음 상황들이 닥친다면 중장기 고점은 더욱 당겨질 수 있다.

첫째는 예상을 뛰어넘는 경기 악화다. 2019년 8월, 경기 전망을 보여주는 중요한 지표가 하나 나왔다. 다음의 그래프는 미국 10년 만기 국채 금리에서 2년 만기 국채 금리를 뺀 수치를 도식화한 것이다. 그래프에서 회색 막대모양 부분은 경기 후퇴기를 나타낸 것이다. 그래프에서 확인되는 바와 같이 10년 만기 국채 수익률에서 2년 만기 국채 수익률을 뺀 결과가 마이너스로 전환되는 부분, 즉 2년 만기 국채 수익률이 10년 만기 국채 수익률보다 높아지면 일정 시기가 지난 후 예외 없이 경기가 후퇴한 모습을 보였다.

장기 국채는 오래 보유하는 만큼 위험을 감내해야 하기 때문에 단기 국채에 비해 금리가 높은 게 일반적이다. 그러나 향후 경기가

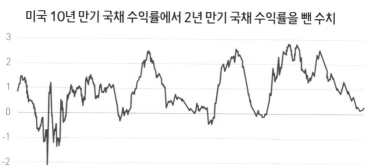

미국 10년 만기 국채 수익률에서 2년 만기 국채 수익률을 뺀 수치

자료: 미국 연방준비은행

나빠질 것으로 보는 투자자들이 대표적 안전자산인 미국 장기 국채에 몰리면서 장기 국채 금리가 하락하고 실제 경기가 일정 기간 지나 후퇴하는 경우가 발생했다. 실제로 독일의 2019년 2분기 GDP가 전 분기 대비 역성장했으며 중국의 7월 산업생산 증가폭이 2002년 2월 이후 17년 만에 최저치를 기록했다. 영국도 2년 국채와 10년 국채 금리가 역전되는 등 글로벌 경기 둔화를 시사하는 지표들이 속속 나오고 있다.

우리나라는 무역 의존도가 높다. 국제 경기에 민감한 경제 구조를 갖고 있기 때문에 국제 경기는 둔화하는데 서울 부동산 홀로 고공 행진할 수 없다. 따라서 미중 무역분쟁의 향방, 미국 금리의 추가 인하 여부는 이러한 흐름을 반전시킬지 가속화시킬지 가늠케 한다. 참고로 김광석 한국경제산업연구원 경제연구실장에 따르면 장단기 금리 역전 이후 경기 침체가 나타날 때까지 걸린 기간은 평균 22개월이라고 한다.

둘째는 예상을 뛰어넘는 급등이다. 지금까지 수요, 공급, 통화량에 입각해 연도별 서울 아파트 시세 추이를 전망했으나 이는 방향성에 대한 이야기이고 정량적인 예측은 빠져있었다. 즉, 얼마나 오르고 내릴지에 대해서는 예측하지 않았다. 쉽사리 예측할 수 있는 영역이 아니기 때문이다. 그러나 위험 구간, 즉 버블의 정점에 다다라 매도를 고려해야 하는 구간은 과거의 데이터를 통해 추정 할 수 있다.

앞서 제시한 여러 데이터 중 서울 아파트 매매·전세지수에서 매매지수가 전세지수의 1.64배에 이를 때가 중장기 고점이라고 언급한 바 있다. 그리고 2019년 3분기에는 1.17배이므로 중장기 고점까지 아직 갈 길이 있음도 함께 설명했다. 그 외에 제시할 수 있는 데이터가 주택구입부담지수다.

서울 아파트 매매·전세지수는 주택의 사용가치(전세가)와 투자가치(매매가)의 이격이 어디까지 벌어졌을 때가 매매가의 중장기 고점인가를 따졌다. 주택구입부담지수는 해당 지역의 가계 소득과 대출 금리, 집값을 고려해 도출한 주택 구입 여력으로 가구가 수용할 수 있는 집값 수준을 확인할 수 있다는 점에서 의미가 있다.

앞서 연도별 매매 시세 방향성을 전망했다. 이러한 전망을 깰 수 있는 요소 중 하나가 바로 예상치 못한 급등이다. 만일 2018년과 같은 이례적 급등장을 또 맞이한다면, 연도별 수요, 공급, 통화량 전망과는 다르게 중장기 고점을 예상보다 빠르게 맞이할 수도 있다.

그렇다면 얼마나 크게 올랐을 때 중장기 고점을 대폭 당길 수 있을까. 주택구입부담지수 추이를 눈여겨봐야 한다. 2019년 2분기 기준 주택구입부담지수가 124.6으로 중장기 고점(2008년 2분기 기준) 164.8과 약 32%의 괴리가 있다. 따라서 만일 아파트 매매가가 현재 대비 +30% 정도 지점까지 빠르게 오를 경우 아무리 대출 금리가 낮다 하더라도 가구가 수용할 수 있는 집값의 한계에 육박해 중장기 고점에 예상보다 빨리 도달할 수 있다. 현 시점에서 얻을 수 있는 최대 이익이 2019년 2분기 대비 +30% 수준이라고 예상한다.

예상을 뛰어넘는 경기 악화, 반대로 예상을 뛰어넘는 급등이 올 경우 2024년으로 전망한 중장기 고점은 더욱 앞당겨질 수 있다.

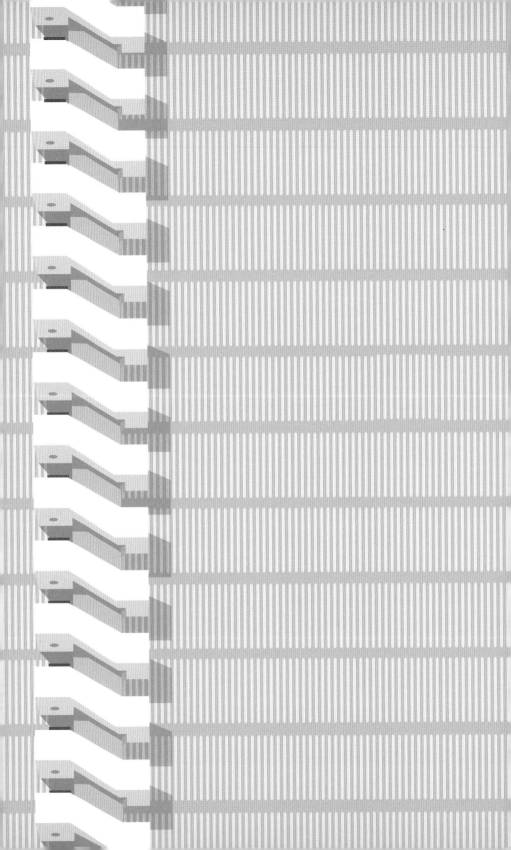

PART 03

1등 입지는 다르다

왜 서울인가

2018년 9월, 도쿄 부동산 시장에는 작지 않은 이슈가 있었다. 일본부동산연구소는 도쿄와 주변 도시인 카나가와, 치바, 사이타마의 2000년 1월 매매가를 각각 100으로 전제하고 매매가 추이를 그려보았다. 그 결과 도쿄는 2018년 9월에 2000년 1월 매매가를 회복한 것이 확인됐다. 무려 19년 만에 2000년 1월 가격을 회복한 셈이다.

다음 페이지의 그래프를 보면 주변 수도권 도시들에 비해 도쿄의 비교우위는 명확히 드러난다. 2000년부터 2005년까지 하락기 동안 도쿄는 주변 도시와 비슷한 하락률을 보이며 매매가가 떨어졌다. 이후 2007년까지 부동산 가격이 반등할 때는 도쿄가 주변 수도권 도시들에 비해 차별화된 상승률을 보이며 급등했다. 이후도 상승과 하락을 반복하는데, 그래프를 잘 보면 도쿄의 경우 하락기에는 주변 도시와 비슷한 하락률을 보이지만, 상승기에는 월등한 상승률을 보이며 그 격차를 벌려가는 모습이다.

일본의 인구는 2008년부터 증가를 멈췄으며 2011년부터 감소

일본 지역별 주택 가격 추이

범례: 도쿄 — 카나가와 — 치바 — 사이타마

※ 2000년 1월 매매가=100

자료: 일본부동산연구소

하기 시작했다. 최초의 인구 감소 시기는 2005년이었고, 2006년부터 인구가 증가하지도 감소하지도 않는 정체 수준이었다가 2011년부터 지속적으로 인구 감소가 시작되었다. 그리고 본격적인 부동산 가격의 양극화도 2005년부터 시작되었다.

그래프에서 알 수 있듯 도쿄와 주변 도시 간 양극화는 이미 오랜 시간에 걸쳐 진행되었다. 도쿄와 오사카의 양극화도 마찬가지다.

다음 페이지의 표는 2016년부터 2018년까지 도쿄와 오사카의 주택 가격 상승률을 기록한 것이다. 보다시피 도쿄와 오사카의 디커플링도 진행되고 있다. 일본 총무성이 발표한 인구이동보고에 따르면, 2018년 도쿄와 주변 3개 현의 인구가 13만 5,000명 늘었다.

도쿄와 오사카의 주택 가격 상승률

구분	2016년 4월 ~ 9월	2016년 10월 ~ 2017년 3월	2017년 4월 ~ 9월	2017년 10월 ~ 2018년 3월	2018년 4월 ~ 9월
도쿄	+1.1%	+1.1%	+1.4%	+1.4%	+1.6%
오사카	+0.3%	+0.3%	+0.3%	+0.4%	+0.5%

자료: 일본부동산연구소

이는 5년만의 최대 유입 인구다. 도쿄 등 수도권으로 가장 많은 인구를 보낸 지역이 오사카였다. 오사카에서 2018년 한 해만도 1만 1,599명이 수도권으로 이주하는 등 최근 5년간 연 1만 명 이상이 수도권으로 이동했다. 인구 이동의 결과가 가격 상승률로 나타나고 있는 셈이다.

그뿐만이 아니다. 도쿄 내에서도 양극화는 확실하게 나타나고 있다. 동일본유통기구에 따르면 2012년 말부터 2016년 말까지 4년간 도쿄 주변의 수도권 도시인 카나가와, 사이타마, 치바의 맨션 평단가는 10~20% 상승했다. 그러나 도쿄는 30% 가량 상승했으며 도쿄 도심 3구(치요다구, 츄오구, 미나토구)의 평단가는 무려 50% 가까이 상승했다. 고소득층과 고령자의 도심 집중 움직임이 지속되고 있다는 평가다. 도쿄 인구는 2015년 1,352만 명에서 2025년에는 1,398만 명으로 정점을 찍으나, 도심 3구는 2040년까지 증가할 전망(2015년 44만 명, 2045년 60만 명)이라는 것이 일본 후생노동성의 추계 결과다. 핵심지와 비핵심지의 양극화가 전 방위로 일어나고 있는 셈이다. 이는 인구 감소가 시작될 우리나라에도 시사하는 바가 크다.

앞서 인구 감소를 겪고 있는 일본은 같은 길을 걷게 될 우리에게
반면교사라는 가이드라인을 제공해준다.

인구 감소는 가뭄이 닥친 저수지를 예로 들어 설명하면 이해가
쉽다. 가뭄이 닥치면 저수지의 수위는 낮아진다. 당연히 가장자리(비
핵심지)부터 말라붙는다. 반면 가운데(핵심지)의 경우 수위는 낮아질지
언정 여전히 높은 수위를 유지하고 있다. 극심한 가뭄으로 저수지
가 모두 말라붙는 극단적인 경우는 국가 경제 자체가 완전히 무너
졌음을 의미하기에 추정에서 배제하도록 하자. 그런 시점까지 오면
부동산을 논할 상황이 아니다.

다시 이야기로 돌아가보자. 저수지에 사는 물고기들 역시 생명을
유지하기 위해서는 가뭄(인구 감소)으로 말라붙을 가능성이 있는 가
장자리(비핵심지)보다는 수위가 여전히 높은 가운데(핵심지) 쪽으로 몰
린다. 인구 감소가 시작된 지 10년 가까이 된 일본에서 도쿄와 오사
카, 도쿄와 수도권 도시, 도쿄의 핵심 3구와 나머지 자치구 간에 양
극화가 심화되고 있는 데에는 이러한 이유가 있다. 우리나라 역시
인구 감소가 시작된다면 이러한 현상이 나타날 수밖에 없다. 총 인
구가 감소하면 각종 인프라를 유지하거나 신설하려는 1인당 비용
역시 올라가기 때문에 국가에서도 효율성을 따질 것이다. 결국 '되
는 지역'으로의 인프라 집중을 불러일으켜 핵심지로 인구 또는 주

거 수요가 더욱 집중된다.

우리나라는 2016년 발표한 추계에서 인구의 자연 감소(출생자 수<사망자 수)가 2029년부터 시작될 것으로 내다봤다. 그러나 2019년 3월에 발표한 2017~2067년 장래인구 특별추계에 따르면 인구의 자연 감소는 2019년부터 시작된다. 인구 자연 감소 시점이 무려 10년이나 당겨진 것이다(외국인 유입으로 총인구 감소 시점은 2028년부터로 추정). 국내에 유입되는 외국인들을 온전히 주택 매수 계층으로 간주하기 어렵다고 볼 때, 내국인 인구 감소가 2019년부터 시작된다는 점은 인구 감소를 먼저 겪고 있는 일본 부동산 시장을 주목하게 만든다.

서울은 새로 주택을 지을 땅이 사실상 없다고 해도 과언이 아니다. 서울에 살고 싶은 사람들의 수는 여전히 많다. 이는 서울·경기 10~11년차 부부가 서울 주택의 주요 수요 계층인 것만 봐도 그렇다. 그런데 서울에는 이들의 수요를 감당할 만큼 집이 충분하지 않다. 그런 관점에서 다음 그림을 참고해주기 바란다.

국가 경제가 파탄을 겪지 않는 한, 1인당 명목 소득은 계속 늘어난다. 결국 인구가 감소해도 살 만한 주택 수(서울)는 여전히 그보다도 적기 때문에 핵심지의 주택 가치도 인구가 극단적으로 줄어들기 전까지는 중장기적으로 우상향의 길을 걷게 될 것이다. 그리고 이것이 부동산 투자가치 고려 시 더더욱 서울을 1순위로 고려할 수밖에 없는 이유다.

그래도 서울인 이유

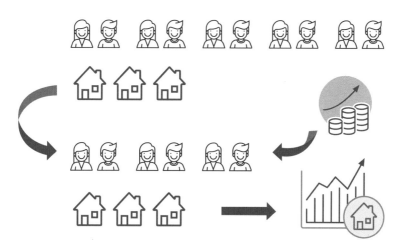

인구가 감소해도 살 만한 주택의 가치는 오른다

내재가치가 가장 뛰어난
서울 아파트 14곳

    도쿄 사례에서 보듯, 우리나라에서도 양극화가 심화될 가능성은 크다. 아니, 이미 시작되었다고 해도 과언이 아니다. 뒤에 소개하겠지만 서울과 경기도 사이에 디커플링이 발생하고 있으며 이는 서울의 핵심지와 비핵심지에서도 마찬가지다.

    다음 페이지의 그래프는 1986년 1분기의 한강 이북과 이남 아파트 매매지수를 각각 1.0으로 전제하고 2019년 2분기까지 매매지수 추이를 도식화한 것이다. IMF 사태로 아파트 가격이 급락할 때까지 한강 이북과 이남 아파트는 비슷한 수준의 등락을 보였다. 그러다가 IMF 사태 이후 맞이한 급등장에서 본격적인 디커플링이 시작되었다. 이후 그 차이가 더 커진 사실도 그래프에서 확인할 수 있다. 중장기 우상향의 길을 함께 걸어온 서울 아파트 내에서도 지역에 따라 상승률의 차이가 있었음을 부인할 수 없다. 그런 관점에서 볼 때, 서울 아파트에서도 내재가치가 가장 높다고 판단되는 핵심 단지들의 상승률은 앞으로도 다른 단지들에 비해 높을 수밖에 없다.

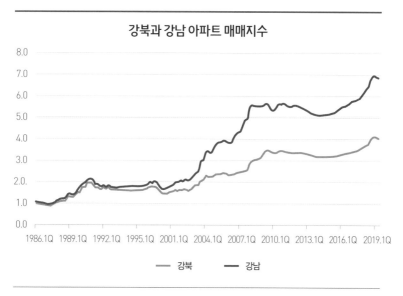

강북과 강남 아파트 매매지수

※ 1986년 1분기 아파트 매매지수 =1.0

자료: KB부동산

　내재가치의 기준은 직주근접 측면에서 최고의 경쟁력을 갖추고 있는 단지들로 삼았다. 직주근접을 강조하는 이유는 앞으로 직장과 가까운 주거지가 더욱 각광받을 것으로 판단되기 때문이다. 내국인 인구 감소는 이제 눈앞에 직면한 현실이다. 최근 일본은 일자리 대비 노동 인구의 감소로 완전 고용에 가까운 상황이 펼쳐지고 있다. 이는 우리나라에서도 머지않은 현실이다. 인구 감소는 노동 인구 감소로 이어지기 때문에 여성의 사회 진출은 지금보다 더 활발해질 것으로 예상되며 따라서 공동 육아를 위해서라도 직장과 가까운 주거지가 더욱 인기를 끌 것이다. 아이가 없다면 학군에 연연하지 않고 직장과 가까운 주거지를 고르는 경향이 더 짙어질 것이다. 서울의 평균 통근·통학 시간(왕복 기준)이 오히려 악화되고 있는 현실(2010년 73분 → 2015년 78.6분)에서 최근 중요한 가치로 거론되는 워라밸(일과 삶의 균형을 중요시한다는 의미, Work and Life Balance의 줄임말)을 감안하면 직장과 가까운 주거지는 더더욱 인기를 끌면서 주거 수요와 투자 수요를 쌍끌이 할 것으로 보인다.

우선 내재가치가 뛰어난 단지들을 말하기에 앞서, 직주근접의 힘을 보여주는 사례를 언급하고 넘어갈까 한다. 신축의 힘이 갈수록 강해지고 있다는 이야기는 전작을 통해서도 여러 사례로 소개해드린 바 있다. 전작에서는 6층 이상 34평 평균 실거래가 기준으로, 주변 인프라에서 열세인 개포 래미안 블레스티지가 초역세권인 도곡 렉슬을 앞서고, 헬리오시티가 잠실 역세권 아파트들을 위협하는 사례를 예로 들었는데 가장 극명한 사례는 다음의 경우다.

상암월드컵파크 4단지와 DMC파크뷰자이 1단지의 6층 이상 34평 평균 실거래가 추이를 비교했다. 2013년 3분기만 해도 두 단지의 34평 평균 실거래가는 2억 가까운 차이를 보였다. DMC파크뷰자이 1단지가 신축의 힘을 앞세워서 격차를 좁혀가더니 2018년 2분기부터는 오히려 역전하는 모습을 보여줬다. 게다가 조금씩 차이를 벌려가며 앞서가는 모습까지 나타났다. 2013년 분양 당시 90%라는 충격적인 미분양을 기록한 DMC파크뷰자이 1단지인 만큼, 국내 최대 미디어밸리인 상암DMC를 앞에 두고 있는 상암월드컵파크 4단지를 실거래가로 앞섰다는 게 굉장히 놀랍다.

이렇듯 신축의 힘은 웬만한 입지의 열세를 상쇄할 만큼 강력함을

상암월드컵파크 4단지와 DMC파크뷰자이 1단지 실거래가 추이

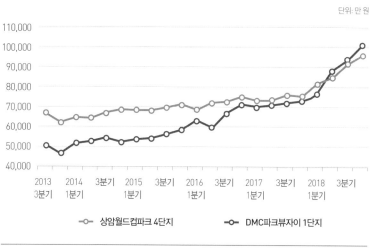

단위: 만 원

※ 34평 기준

자료: 국토교통부

자랑한다. 그런데 최근에 이런 신축의 힘을 다시 제압하는 사례가 발견되어 이목을 끌었다.

판교와 위례의 평당 시세 추이를 분기별로 그려보았다. 다음 페이지의 그래프를 보기 전에 사전 설명이 필요하다. 위례에서 가장 시세가 높은 송파위례는 장지동 구축 아파트와 섞여 있어 위례 아파트 시세 산출이 어려워 제외했다. 비교의 형평성을 위해 동판교도 시세가 가장 높은 백현동을 제외하고 삼평동을 비교 대상으로 반영했다. 서판교는 판교동과 운중동의 평균 시세가 거의 비슷해 편의상 판교동으로 반영했으며, 성남위례는 창곡동, 하남위례는 학암동으로 반영했다.

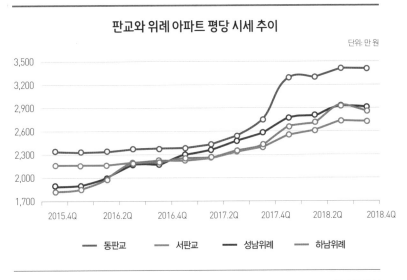

판교와 위례 아파트 평당 시세 추이

단위: 만 원

자료: 부동산114

　2기 신도시의 대장주 자리를 놓고 치열하게 다투고 있는 판교와 위례는 부동산 관련 온라인 카페에서도 자주 갑론을박이 오간다. 사실 위례 입주 초기만 해도 어느 정도 격차가 있었다. 그러나 위례가 신축의 힘을 앞세워서 급격히 격차를 좁혔다. 그래프를 봐도 2017년 1분기에는 성남위례와 하남위례가 서판교를 추월했으며 2017년 3분기에는 성남위례와 동판교의 차이는 평당 56만 원에 불과한 수준까지 좁혀졌다(성남위례 2,478만 원, 동판교 2,534만 원). 그런데 2017년 4분기부터 다시 동판교가 차이를 벌리더니 2018년 1분기에는 평당 499만 원까지 격차를 급격히 벌렸다(성남위례 2,775만 원, 동판교 3,274만 원). 그래프에서도 동판교의 급등은 눈에 띄는 수준이다.

도대체 동판교에 무슨 일이 있었던 것일까. 바로 제3판교테크노밸리 조성 발표가 2017년 12월에 있었다. 안 그래도 직주근접 면에서 큰 강점을 보였던 동판교가 다시 날아오른 셈이다. 최근 강력한 트렌드인 신축 강세 현상을 볼 때, 위례가 판교를 추월하는 것은 시간문제라는 견해가 많았다. 그러나 오히려 직주근접 면에서 추가적인 입지 강화로 판교가 다시 격차를 벌린 것은 역시 신축뿐 아니라 일자리의 소중함을 다시 일깨우는 사례다.

새로운 일자리 창출은 신축의 힘을 능가하는 거대한 호재다.

따라서 부동산 투자에 있어 일자리가 창출되는 지역이 어디인지 알아보는 것은 반드시 확인해야 하는 사항이다. 개인적으로 일자리와 교통이 부동산 가치에 가장 영향을 끼치는 요소라고 본다. 완성형 도시로 나아가고 있는 판교뿐 아니라 위례신사선, 위례과천선, 트램 등 교통 측면에서 향후 개선점이 뚜렷할 위례 역시 미래가치가 기대되는 곳이다.

이에 전작에서는 2018년 6월 기준 서울 및 수도권 출근시간대 하차인원 상위 20개 역 및 이에 인접한 역(환승 없이 두 정거장 내) 94개 역의 반경 500m 안에 위치한 1,000세대 이상 및 신축 10년 이내 또는 안전진단 통과 단지들을 추천했다. 이번 책에서는 기준을 조금 달리 했다. 직주근접 측면에서 보다 경쟁력이 뛰어난 단지들을 선별하기 위해 2019년 5월 기준 서울 및 수도권 출근시간대 하차인원

출근시간대 하차인원 상위 20개 역

지역	역명	하차인원	인접역(무환승, 세 정거장 내)
금천구	가산디지털단지	1,087,360	남구로, 대림, 신풍, 철산, 광명사거리, 천왕, 독산, 금천구청, 광명, 석수, 구로, 신도림, 영등포, 구일, 개봉
용산구	서울역	1,014,620	회현, 명동, 충무로, 숙대입구, 삼각지, 종각, 신용산, 남영, 용산, 노량진, 시청, 종로3가
강남구	선릉	1,007,082	삼성, 종합운동장, 잠실새내, 역삼, 강남, 교대, 한티, 도곡, 구룡, 선정릉, 강남구청, 압구정로데오
강남구	강남	993,292	역삼, 선릉, 삼성, 교대, 서초, 방배, 양재, 양재시민의숲, 청계산입구
강남구	삼성(무역센터)	844,746	종합운동장, 잠실새내, 잠실, 선릉, 역삼, 강남
강남구	역삼	837,777	선릉, 삼성, 종합운동장, 강남, 교대, 서초
영등포구	여의도	830,398	샛강, 노량진, 노들, 국회의사당, 당산, 선유도, 여의나루, 마포, 공덕, 신길, 영등포시장, 영등포구청
중구	시청	826,777	을지로입구, 을지로3가, 을지로4가, 충정로, 아현, 이대, 종각, 종로3가, 종로5가, 서울역, 남영, 용산
송파구	잠실(송파구청)	737,227	몽촌토성, 강동구청, 천호, 석촌, 송파, 강변, 가락시장, 잠실나루, 구의, 잠실새내, 삼성, 종합운동장
중구	을지로입구	688,660	을지로3가, 을지로4가, 동대문역사문화공원, 시청, 충정로, 아현
서초구	고속터미널	624,227	반포, 논현, 학동, 사평, 신논현, 언주, 양재, 신반포, 구반포, 동작, 내방, 총신대입구, 남성, 잠원, 신사, 압구정, 교대, 남부터미널
종로구	종각	603,107	종로3가, 종로5가, 동대문, 시청, 서울역, 남영
서초구	양재 (서초구청)	589,995	매봉, 도곡, 대치, 남부터미널, 교대, 강남, 고속터미널, 양재시민의숲, 청계산입구, 판교
종로구	광화문 (세종문화회관)	574,239	종로3가, 을지로4가, 동대문역사문화공원, 서대문, 충정로, 애오개
서초구	교대 (법원, 검찰청)	569,414	강남, 역삼, 선릉, 서초, 방배, 사당, 매봉, 고속터미널, 잠원, 신사, 남부터미널, 양재
구로구	구로디지털단지	563,046	신대방, 신림, 봉천, 대림, 신도림, 문래
중구	을지로3가	510,686	을지로4가, 동대문역사문화공원, 신당, 안국, 을지로입구, 시청, 충정로, 경복궁, 독립문, 충무로, 동대입구, 약수
종로구	종로3가	494,103	종로5가, 동대문, 동묘앞, 종각, 시청, 서대문, 서울역, 안국, 경복궁, 독립문, 광화문, 충정로, 을지로4가, 동대문역사문화공원
성동구	성수	481,927	용답, 신답, 용두, 뚝섬, 한양대, 왕십리, 건대입구, 구의, 강변
마포구	공덕	455,753	애오개, 충정로, 서대문, 효창공원앞, 삼각지, 신용산, 대흥, 광흥창, 상수, 마포, 여의나루, 여의도

※ 2019년 5월 기준

상위 20개 역에 인접한 역(환승 없이 세 정거장 내)들을 모두 추려보았다.

　출근시간대 하차인원 상위 20개 역과 인접 역(환승 없이 세 정거장 내)을 합치면 총 125개다. 여기에 GBD(강남권), CBD(도심권), YBD(여의도권)에 이어 PBD(판교권)라는 용어가 나타날 만큼 주요 업무지구로서 위세를 떨치고 있는 판교역과 그 주변 역을 합치면 131개가 된다. 131개 역 중에 세 번 이상 중복되어 거론된 역은 총 25개다. 중복 횟수는 다음과 같다.

주요 업무지구 접근성 상위 역

중복횟수	역 이름
6회	강남, 교대, 시청, 충정로
5회	삼성, 선릉, 양재, 역삼, 을지로4가, 종로3가
4회	동대문역사문화공원, 서울역, 종각, 종합운동장
3회	고속터미널, 남부터미널, 남영, 서대문, 서초, 양재시민의 숲, 을지로3가, 을지로입구, 잠실새내, 종로5가, 청계산입구

　표의 25개 역은 출근시간대 하차인원 상위 20개 역에 대한 접근성(중복 포함)이 매우 뛰어나다. 따라서 이들 25개 역 반경 500m 내에 위치한 역세권 대단지(1,000세대 이상)이자 신축(입주 10년 이내) 또는 안전진단을 통과하여 신축으로 거듭날 가능성이 큰 단지는 그 내재가치가 서울에서 가장 높은 수준이라고 볼 수 있다. 이에 해당되는 단

지들을 정리하고 다음 단계로 넘어갈까 한다. 이렇게 도출된 단지들은 다음과 같다.

내재가치가 뛰어난 단지

구	단지
서초구	래미안 서초에스티지, 래미안 서초에스티지S, 래미안 리더스원, 신반포2차, 신반포4차, 래미안 퍼스티지, 반포 자이, 래미안 원베일리, 반포 미도1차
송파구	엘스, 리센츠, 잠실우성1, 2, 3차
종로구	경희궁자이
중구	서울역 센트럴자이

참고로 래미안 서초에스티지, 서초에스티지S는 각각 그 규모가 1,000세대에 미치지 못하나 사실상 동일 단지로 인식되므로 대단지로 분류했다. 엘스, 리센츠는 입주 11년차로 입주 10년 이내 단지는 아니나 큰 차이가 없기 때문에 신축으로 분류했다.

표에서 보다시피 서초구 9개, 송파구 3개, 종로구 1개, 중구 1개, 총 14개 단지의 내재가치가 가장 뛰어났다. 이 단지들은 직주근접의 강점에 신축의 힘을 갖춘 역세권 대단지라는 측면에서 그 가치가 대단히 높다고 할 수 있다. 이 단지들은 풍부한 주거 수요를 바탕으로 상승기에는 더 강한 상방 압력을 받고 하락기에는 강한 하방 경직성을 자랑할 것이다. 특히 대부분의 단지들이 반포동과 잠실동에 위치한 것을 볼 수 있는데, 이것만 보아도 반포와 잠실의 위상이 예전보다 훨씬 올라간 이유를 납득할 수 있다.

서초구(서초동)

단위: 만 원

단지	세대수	입주연월	매매시세	전세시세	용적률
① 래미안 서초에스티지	421	2016. 12	193,500	100,000	300%
② 래미안 서초에스티지S	593	2018. 01	202,500	102,500	300%
③ 래미안 리더스원	1,317	2020. 10	-	-	299%

※ 2019년 10월 18일 기준, 34평

자료: KB부동산

강남역은 출근시간대 하차인원 4위에 해당한다. 신분당선을 운영하는 네오트랜스가 하차인원을 공개하지 않은 관계로 실제 하차인원은 더 많을 것으로 추정된다. 강남역은 출근시간대 하차인원 3위 선릉역, 5위 삼성역, 6위 역삼역, 13위 양재역, 15위 교대역까지도 세 정거장 내에 접근 가능하다. 즉, 직주근접의 요충지라고 할 수 있다.

이런 강남역과 뱅뱅사거리 사이에 위치한 서초 우성 1 ,2 ,3차와 무지개, 서초 신동아는 독수리 5형제라는 별칭으로 불리며 강남역 역세권 주요 아파트 단지로 꼽힌다. 입지도 그렇지만 모두 일제히 재건축을 추진해왔다는 점도 비슷하다. 그중에서 서초 우성 3차가 가장 빠른 진척을 보여 2016년 12월 래미안 서초에스티지로 재탄생했으며, 서초 우성 2차는 그 뒤를 이어 2018년 1월 래미안 서초에스티지S가 되었다. 그리고 서초 우성 1차를 재건축한 래미안 리더스원은 2020년 10월 입주 예정이다(따라서 KB시세가 아직 형성되지 않았다). 이외에도 서초 그랑자이(무지개 재건축)는 2021년 9월 입주할 예정이며 서초 신동아는 2019년 말 이주를 목표로 한다.

래미안 서초에스티지, 서초에스티지S, 리더스원은 강남역 주변에 사실상의 래미안 타운을 형성한 셈이다. 반포에 위치한 래미안 퍼스티지, 래미안 원베일리에 이어 가장 입지가 좋은 래미안 타운이라고 할 수 있다. 강남-역삼역 라인은 우리나라에서 가장 큰 업무지구라고 볼 수 있는데, 이 라인에 가장 근접한 신축 대단지가 이들임을 감안하면 직주근접 면에서 최강의 입지를 자랑하는 곳이라고 할 수 있다.

향후 전망도 매우 좋다. 진흥아파트와 서운중학교 사이에 자리 잡은 롯데칠성음료 부지 개발이 검토되고 있으며, 강남역과 불과 세 정거장 떨어진 삼성역이 대규모로 개발된다. 삼성역에 현대차 GBC가 들어서면 래미안 서초에스티지, 서초에스티지S, 리더스원의 직주근접 경쟁력은 국내 최고 수준으로 부상할 것이다. 국내 1, 2위 그룹인 삼성과 현대 사옥이 이들 단지 인근에 위치하게 된다.

거기에 세 단지가 서이초등학교를 품에 안고 있다. 인근 서운중학교도 우수한 학력을 자랑하는 학교다. 그리고 주변 무지개, 신동아 아파트까지 재건축이 완료될 경우 5,000여 세대의 대규모 신축 대단지로 재탄생되어 강남-역삼역 업무지구 고소득 직장인들의 신축 수요를 끌어들일 것이다.

서초구(반포동)

고속터미널역은 출근시간대 하차인원 11위다. 출근시간대 하차인원 13위 양재역, 15위 교대역까지도 세 정거장 내에 접근이 가능하다.

반포동은 고급 랜드마크의 탄생(래미안 퍼스티지, 반포 자이)과 9호선 개통이 맞물리면서 최고의 부촌 중 하나로 급부상했다. 대규모 재건축을 통한 신축 공급이 계속 진행됨으로써 고급 주거 단지로서의 명성을 굳히고 있다. 출근시간대 하차인원 20위 안에 든 고속터미

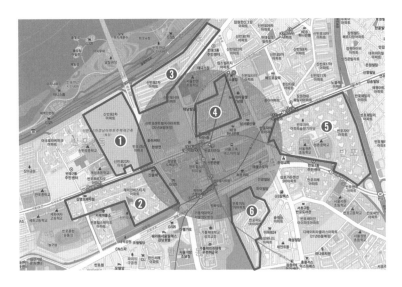

단위: 만 원

단지	세대수	입주연월	매매시세	전세시세	용적률
① 래미안 원베일리	2,971	2023. 09	-	-	299%
② 래미안 퍼스티지	2,444	2009. 07	277,500	130,000	270%
③ 신반포 2차	1,572	1978. 06	245,000	66,000	200%
④ 신반포 4차	1,212	1979. 10	210,000	65,000	-
⑤ 반포 자이	3,410	2009. 03	255,000	128,333	270%
⑥ 반포 미도 1차	1,260	1987. 06	176,000	58,500	177%

※ 2019년 10월 18일 기준, 34평   자료: KB부동산

넓역 반경 500m 안에 들지 않아 이 책에서는 거론되지 않으나, 아
크로리버파크 및 반포주공 1단지는 국내 최고 수준의 매매가를 기
록하고 있는 단지다. 2016년 8월 입주한 아크로리버파크는 래미안

퍼스티지가 장기간 차지하고 있었던 반포 대장주 자리를 이어받았는데, 이제 그 자리를 2023년 9월 입주하는 래미안 원베일리가 다시 이어받을 것으로 예상된다. 래미안 원베일리는 아크로리버파크(1,612세대)에 비해 규모(2,971세대)도 더 클 뿐만 아니라 고속터미널역 및 신세계 강남점과 가까워서 입지적으로 아크로리버파크를 근소하게 앞설 것으로 전망된다. 그리고 보다 신축이기 때문에 반포 대장주 자리를 이어받을 것은 확실하다.

래미안 퍼스티지와 반포 자이는 고급화를 앞세워 반포의 부촌 이미지를 선도해온 상징적인 단지들이다. 그러나 요즘 선호하는 한강변이 아닌 데다 주변에 연이어 신축 대단지들이 입주하면서 반포 내에서 조금씩 선호도가 떨어질 전망이다. 실거주 가치는 워낙 뛰어난 곳이기에 주거 수요는 꾸준할 것으로 예상된다.

신반포 2차와 4차는 재건축을 어렵게 만든 서울시의 요구가 2018년 철회되어 최악의 상황은 피한 곳이다. 당초 서울시는 신반포 2차 단지 중앙부에 6,357㎡ 규모 문화 공원 시설과 폭 35m 규모 녹도, 24시간 개방 도로 조성을 계획했고 신반포 4차에는 인근 반원상가, 태남빌딩 부지와 묶어 공동 개발을 유도했다. 그러나 신반포 2차의 경우 주민들이 사유재산 침해와 주민 사생활 침해 우려 등을 들어 강력하게 반대했다. 신반포 4차 역시 주민들뿐 아니라 상가 측도 공동 개발을 반대함에 따라 서울시가 기존 요구를 철회했다. 그러나 재건축 진행은 여전히 답보 상태에 머물러있다. 신반포 2차와 4차 모두 장기간 진도가 나가지 않고 있는 상태에서 일몰제 적용

대상 단지로 선정되어 자칫 하다가는 재건축 사업이 더욱 지연될 수 있다. 따라서 신반포 2차와 4차 매수는 일몰제 적용 회피 여부를 확인한 후에 결정해도 늦지 않다. 재건축만 된다면 단지 대부분에서 한강 조망이 가능한 신반포 2차와 인근 생활 편의시설이 풍부한 신반포 4차의 입지 자체는 의심할 필요 없다.

반포 미도 1차는 2017년 12월 안전진단을 통과해 재건축을 진행함에 있어 유리한 위치에 있다. 같은 반포동에 위치하고 있음에도 불구하고 다른 단지들에 비해 매매가가 낮은 이유는 입지적으로 불리한 면들이 있기 때문이다. 초등학교까지 가려면 2개의 대로를 건너야 하고 중고등학교는 이보다도 더 멀다는 점, 단지가 언덕에 위치한 점 등은 반포동의 다른 단지들에 비해 꽤 큰 단점이라 할 수 있다. 그러한 단점들이 매매가에 반영되어 있는 셈이다. 그러나 재건축 측면에서는 장점이 있다. 전세대가 동일 평형(34평)이므로 지분이 똑같다. 따라서 분쟁 가능성이 적고 재건축 시 1,260세대가 2,000세대 내외의 대단지로 거듭날 것이다. 또한 34평의 대지지분 역시 17.7평으로 사업성도 나쁘지 않을 것으로 판단돼 장기적인 관점에서 관심을 기울일 만하다.

송파구(잠실동)

잠실새내역은 그 자체로는 출근시간대 하차인원 20위 안에 들지 못했으나, 출근시간대 하차인원 3위 선릉역, 5위 삼성(무역센터)역, 9

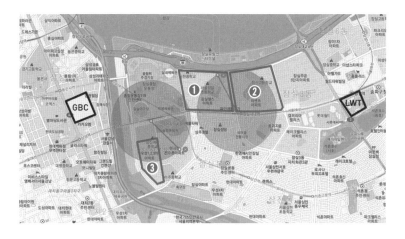

단위: 만 원

단지	세대수	입주연월	매매시세	전세시세	용적률
① 엘스	5,678	2008. 09	185,000	84,000	276%
② 리센츠	5,563	2008. 07	187,000	87,500	275%
③ 잠실 우성 1,2,3차	1,842	1981. 12	167,500	54,500	-

※ 2019년 10월 18일 기준, 34평   자료: KB부동산

위 잠실(송파구청)역까지 세 정거장 내에 접근이 가능하다. 강남역 다음으로 주요 업무지구와의 접근성이 뛰어난 곳이라고 할 수 있다. 종합운동장역 역시 출근시간대 하차인원 20위 안에 들지 못했으나, 3위 선릉역, 4위 강남역, 5위 삼성(무역센터)역, 6위 역삼역까지 세 정거장 내에 접근이 가능한 곳이다. 즉, 잠실새내역과 종합운동장역은 자체적인 업무지구는 없으나 강남 주요 업무지구와의 접근성이 워낙 뛰어나, 두 역의 반경 500m 내에 위치하는 엘스, 리센츠, 잠실

우성 1, 2, 3차는 앞서 언급한 직주근접 면에서 최강 입지를 자랑하는 래미안 서초에스티지, 서초에스티지S, 리더스원에 이어 가장 경쟁력이 있는 단지다.

엘스, 리센츠, 잠실 우성 1, 2, 3차의 입지 경쟁력은 더욱 강화될 것이다. 지도에서 표시해놓았듯이 잠실동의 동쪽에는 LWT, 즉 롯데월드타워가 이미 완공되어 롯데 계열사들이 입주해있다. 서쪽에는 GBC, 즉 현대차 본사가 2023년에 완공된다. 국내 최고층 건물인 GBC와 LWT 사이에 위치하는 대규모 아파트 단지, 그 안에서도 비교적 신축에 속하거나 안전진단을 통과한 역세권 단지가 엘스, 리센츠, 잠실 우성 1, 2, 3차다. 나는 입지 경쟁력에서 직주근접을 가장 높게 평가하기 때문에 이 단지들의 입지는 앞으로 더 좋아진다고 본다.

이뿐만이 아니다. 코엑스와 잠실종합운동장 일대 166만 ㎡에 조성 예정인 국제교류복합지구도 엘스, 리센츠, 잠실 우성 1, 2, 3차의 추가적인 입지 강화에 톡톡한 마중물 역할을 하게 될 전망이다. 국제교류복합지구 조성 사업은 잠실종합운동장을 스포츠·문화 중심 복합시설로 리모델링하고 인근 탄천에 요트 선착장을 만들며 선착장 주변에 쇼핑센터, 호텔 등을 지어 이 일대를 관광 인프라 단지, MICE 단지로 만들겠다는 계획이다. 2조 원대 대규모 자금을 투입하는 영동대로 복합환승센터도 2019년 말부터 착공 예정이다. 5개 철도(GTX-A, GTX-C, 2호선, 9호선, 위례신사선)를 이용할 수 있는 통합 역사와 버스 환승 정류장을 갖춰 하루 유동인구가 60만 명에 달할 전망

국제교류복합지구 마스터플랜 배치도 　　　　　　　　　　　　　　　자료: 서울시

이다. 특히 이 사업들에 믿음이 가는 이유는 현대차 공공기여금 1
조 7,500억 원의 존재 때문이다. GBC 착공 시 집행될 현대차의 공
공기여금 1조 7,500억 원은 국제교류복합지구 개발 프로젝트 총 12
개 사업에 투입될 예정이다. 재원이 어느 정도 확보된 사업인 만큼,
인허가만 이뤄지면 큰 무리 없이 진행될 것이다. 삼성역~잠실역
일대의 집중적인 개발로 강남의 중심이 동진할 것이라는 전망도 이
단지들의 미래가치를 밝게 하는 요소들이다.

　단, 잠실 우성 1, 2, 3차의 경우 단지 중앙에 위치한 대형 면적 위
주 2개 동 주민들이 추진위의 재건축 방식을 반대하고 있는 점이 아
킬레스건이다. 따라서 2개 동의 조합 설립 동의율 과반 돌파 여부를

확인한 후 매입하는 게 바람직하다. GBC와 삼성역 개발, 국제교류 복합지구 조성의 최대 수혜를 받을 단지이기에 입지 경쟁력은 의심할 바가 없다. 따라서 재건축 사업의 초기 진척 여부는 투자에 더더욱 중요한 요소다.

종로구(홍파동)

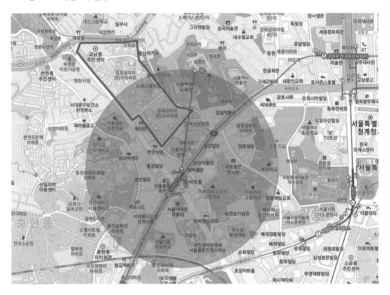

단위: 만 원

단지	세대수	입주연월	매매시세	전세시세	용적률
경희궁자이	1,919	2017. 02	153,500	74,500	253%

※ 2019년 10월 18일 기준, 34평, 1단지는 임대 아파트로 세대수에서 제외   자료: KB부동산

서대문역은 잠실새내역, 종합운동장역과 마찬가지로 출근시간대 하차인원 20위 안에는 들지 못했으나, 출근시간대 하차인원 14위 광화문역, 18위 종로3가역, 20위 공덕역까지 세 정거장 내에 접근이 가능하다. 이것만으로도 충분히 직주근접 경쟁력이 우수한 곳이라고 판단할 수 있으나 앞서 언급한 강남역, 고속터미널역, 잠실새내역, 종합운동장역에 비해서는 조금 아쉽다. 그러나 서대문역 반경 500m 안에 위치한 경희궁자이의 강점은 바로 희소성이다.

　　아파트 이름 덕분에 가장 큰 수혜를 받은 경희궁자이는 도심권에서 역세권 대단지라는 희소성이 돋보인다. 서울 4대문 내외에 위치한 아파트 중 가장 최신 연식의 대단지라는 요소가 경희궁자이를 돋보이게 하지만, 향후에도 이 정도로 도심권 업무지구에 가까운 역세권 대단지가 나오기 어렵다는 점이 경희궁자이의 미래 전망을 밝게 한다. 이는 도심권의 고소득 직장인들을 꾸준히 유인할 만한 입지 및 상품 가치가 경희궁자이에 있음을 의미하며 상승 잠재력뿐 아니라 하방 경직성까지 확보된 단지라고 할 수 있다. 멀지 않은 거리에 경희궁, 덕수궁 등 고궁들이 자리 잡고 있어 도심 속에서도 고즈넉한 분위기를 즐길 수 있을 뿐 아니라 바로 옆에 강북삼성병원과 이화외고, 서대문독립공원 등이 있어 병원, 학교, 공원 인프라까지 갖추고 있다.

중구(만리동)

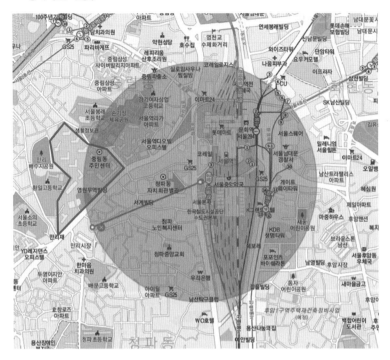

단위: 만 원

단지	세대수	입주연월	매매시세	전세시세	용적률
서울역 센트럴자이	1,341	2017. 08	130,000	67,000	234%

※ 2019년 10월 18일 기준, 34평   자료: KB부동산

    서울역은 출근시간대 하차인원 2위에 해당되는 역이며, 그 외에도 출근시간대 하차인원 8위 시청역, 12위 종각역, 18위 종로3가역까지도 세 정거장 내에 접근이 가능한 곳이다. 이를 떠나, 서울역은 현재도 1호선, 4호선, 공항철도, 경의선, KTX의 5개 노선이 통과하

는데 추가적으로 GTX-A, GTX-B, 신안산선까지 연결될 예정으로 총 8개 노선의 환승역이 되는 명실상부한 대한민국의 최고 교통 요충지다.

추가적인 노선 개통 외에도 서울역에는 호재가 더 있다. 2019년 7월 한화종합화학 컨소시엄이 서울역 북부 유휴부지 개발사업 우선협상대상자로 선정됨에 따라 서울역 인근 개발이 가시화될 전망이다. 이 사업은 서울역 북부 지구단위구역 5만 791㎡ 중 코레일이 보유한 3만 1,920㎡ 토지에 전시, 회의 시설을 비롯해 업무, 숙박, 상업, 문화, 주거 시설 등을 복합적으로 조성하는 것을 골자로 하며 예상 투입자금은 1조 7,000억 원에 달한다. 공항뿐 아니라 전국 주요 도시를 잇는 노선들이 도처에 깔려있는 교통 중심지인 만큼 해당 사업의 성공 가능성은 크다.

서울역 반경 500m 안에 위치하는 역세권 대단지인 서울역 센트럴자이는 서울역 개발계획의 최대 수혜 단지다. 대규모 자본이 투입되는 지역은 기본적으로 지가가 올라가기 마련이다. 특히 서울역 반경 1km 내에 서울역 센트럴자이를 위협할 만한 신축 대단지가 나타날 가능성이 당분간 없기 때문에 경희궁자이와 마찬가지로 희소성 측면에서 미래가치가 기대되는 단지다. 바로 뒤에 구체적으로 소개하겠지만, 기본적으로 도심권 아파트 단지들은 희소성이 돋보이는 장점이 있다. 직주근접과 수급 측면에서 강점이 있는 데다 미래 호재의 수혜까지 기대되기에 서울역 센트럴자이의 가치는 우상향의 길을 걸을 수밖에 없다.

각 권역, 자치구의 아파트 수요는 얼마나 될까

내재가치 측면에서 가장 경쟁력이 있는 14개 단지에 대해 알아보았다. 그렇다고 다른 단지들의 가치가 떨어진다는 것은 아니다. 다만 모든 단지를 확인할 수는 없기 때문에 향후 주거 수요와 투자 수요를 더욱 끌 것으로 보이는 기준(직주근접)을 만들고 이 기준에 부합하는 단지들을 찾다보니 14개 단지만 언급이 되었을 뿐이다.

그런 면에서 추가적으로 내용을 보완할 겸, 이번에는 각 권역별, 구별로 직주근접 지수를 구해봄으로써 해당 권역 또는 해당 자치구의 직주근접 경쟁력을 확인해보고, 각 권역별, 구별 가구당 가구원 수 추이를 통해 해당 권역 또는 해당 자치구의 아파트 수요 추이를 알아보자.

다음 페이지의 표는 서울시 각 권역별·구별 사업체 종사자와 아파트 세대수를 뽑고, 사업체 종사자를 아파트 세대수로 나눈 것을 직주근접지수라고 표현했다. 즉, 직주근접지수란 해당 지역의 아파트 한 채당 사업체 종사자가 얼마나 많은지 알아본 것으로, 그 지역의 근로자 대비 아파트가 얼마나 희소성이 있는지를 알아보는 지표다. 직주근접 트렌드가 강화될수록 해당 지수가 높은 지역의 아파트는 희소성을 인정받아 더욱 높은 가치를 누리게 된다.

그렇다면 결과는 어떨까. 서울 25개 구 중에서 직주근접지수가 가장 높은 7개 구를 붉은색으로 표시했다. 순서대로 말해보자면 종로구 18.5, 중구 16.2, 금천구 7.8, 강남구 5.3, 영등포구 5.3, 서초구 4.8, 광진구 4.1 순이다. 물론 해당 데이터

각 권역별 · 구별 사업체 종사자 및 아파트 세대수

지역		종사자	아파트	직주근접지수
서울시 합계		5,119,913	1,665,922	3.1
도심권	종로구	268,702	14,507	18.5
	중구	386,648	23,874	16.2
	용산구	133,260	35,648	3.7
동북권	성동구	167,308	62,985	2.7
	광진구	125,170	32,301	4.1
	동대문구	142,842	58,161	2.5
	중랑구	102,758	51,031	2
	성북구	108,991	71,571	1.5
	강북구	71,752	33,458	2.1
	도봉구	70,503	64,352	1.1
	노원구	117,859	161,701	0.7
서북권	은평구	88,818	52,000	1.7
	서대문구	111,117	47,445	2.3
	마포구	247,999	66,349	3.7
서남권	양천구	119,943	85,758	1.4
	강서구	234,394	111,037	2.1
	구로구	213,468	75,540	2.8
	금천구	228,000	29,385	7.8
	영등포구	362,800	68,204	5.3
	동작구	110,422	58,320	1.9
	관악구	115,390	53,548	2.2
동남권	서초구	436,763	91,064	4.8
	강남구	679,047	127,206	5.3
	송파구	329,447	117,214	2.8
	강동구	146,512	75,263	1.9

※ 2017년 기준

자료: 서울 열린데이터광장

는 2017년 기준이므로 문정법조타운 및 비즈밸리가 조성 중인 송파구와 기업들

이 속속 입주하고 있는 강서구 마곡의 직주근접지수도 많이 상승했을 것으로 예

상된다.

가령 종로구 18.5라는 수치는 종로구 아파트 한 채당 사업체 종사자 수가 18.5

명이나 된다는 뜻으로, 종로구의 아파트가 얼마나 희소성이 있는지를 나타낸다.

그런 측면에서 볼 때, 종로구에 소재한 경희궁자이가 한강 이북에서 대장주의 위

치를 점하고 있는 것도 쉽게 납득이 간다. 금융권 대기업들이 많이 포진한 을지

로가 있는 중구 역시 높은 직주근접지수를 자랑하고 있다. 금천구의 경우는 가산

디지털단지역 주변의 서울디지털산업단지, 흔히 일컫는 G밸리의 막대한 사업체

종사자 수가 힘을 발휘하고 있다고 볼 수 있으며, 강남구, 영등포구, 서초구는 전

각 권역별 사업체 종사자 및 아파트 세대수

행정구역	종사자	아파트	직주근접지수
서울시 합계	5,119,913	1,665,922	3.1
도심권	788,610	74,029	10.7
동북권	907,183	533,560	1.7
서북권	447,934	165,794	2.7
서남권	1,384,417	481,792	2.9
동남권	1,591,769	410,747	3.9

※ 2017년 기준

자료: 서울 열린데이터광장

통의 도심 중 강남, 여의도 도심 때문에 사업체 종사자 수 자체가 절대적으로 많다고 할 수 있다. 따라서 내가 추천한 14개 단지 외에 직주근접지수가 높은 자치구의 아파트도 눈여겨볼 필요가 있다.

자치구별뿐 아니라 권역별로도 직주근접지수를 알아보았다. 역시 종로구와 중구가 포함된 도심권의 직주근접지수가 10.7에 이르러 서울 평균을 크게 상회하고 있을 뿐 아니라 다른 4개 권역을 압도한다. 직주근접 트렌드가 강화될수록 도심권에 소재한 아파트들은 풍부한 주거 수요로 인해 강력한 하방 경직성을 확보할 것이다. 그 다음을 잇는 것이 동남권 3.9, 서남권 2.9다. 결국 전통의 3도심, 강남·광화문·여의도를 보유한 3개 권역의 직주근접지수가 높음이 확인된 셈이다. 아쉽게도 향후 일자리 측면에서 보다 집중적인 투자가 이뤄질 곳도 3개 권역이다. 동남권에서는 현대차 GBC가, 서남권에서는 마곡을 중심으로 한 대기업 입주, 도심권에서는 용산 국제업무지구 개발이 가시화되면 더더욱 직주근접지수가 높아지면서 아파트 가격 역시 보다 높은 상승률을 자랑하게 될 것이다.

다음 페이지의 표는 각 권역별·구별 가구당 가구원 수 추이를 기록한 것이다. 가구당 가구원 수 감소는 피할 수 없는 현상이라고 볼 때, 눈여겨봐야 할 것은 가구당 가구원 수가 상대적으로 덜 감소하는 곳이다. 가구당 가구원 수 추이를 무시할 수 없는 이유가 있다. 기본적으로 아파트 수요가 1인 가구보다는 2인 이상 가구에 집중된다고 볼 때, 가구당 가구원 수가 상대적으로 덜 감소하는 곳은 아파트 수요가 어느 정도 뒷받침되는 곳이라고 볼 수 있고, 가구당 가구원 수가 평균보다 더 가파르게 감소하는 곳은 아파트 수요 역시 감소하고 있는 곳이라고 볼 수 있기 때문이다.

2015~2017년 각 권역별 · 구별 가구당 가구원 수 추이

행정구역		가구당 가구원 수			가구당 가구원 수 감소율	
		2015년	2016년	2017년	2016년	2017년
서울시 합계		2.53	2.50	2.47	-1.0%	-1.5%
도심권	종로구	2.36	2.37	2.36	+0.6%	-0.7%
	중구	2.31	2.31	2.27	-0.3%	-1.4%
	용산구	2.36	2.34	2.31	-0.7%	-1.4%
동북권	성동구	2.48	2.44	2.41	-1.5%	-1.3%
	광진구	2.37	2.37	2.33	-0.2%	-1.3%
	동대문구	2.38	2.36	2.33	-0.8%	-1.1%
	중랑구	2.52	2.50	2.46	-0.9%	-1.5%
	성북구	2.56	2.52	2.50	-1.4%	-0.9%
	강북구	2.51	2.48	2.43	-1.1%	-2.2%
	도봉구	2.70	2.67	2.62	-1.3%	-1.7%
	노원구	2.73	2.70	2.66	-1.2%	-1.4%
서북권	은평구	2.63	2.61	2.57	-0.7%	-1.8%
	서대문구	2.47	2.45	2.44	-0.9%	-0.2%
	마포구	2.39	2.37	2.34	-0.9%	-1.3%
서남권	양천구	2.80	2.78	2.75	-0.7%	-1.0%
	강서구	2.59	2.54	2.48	-1.6%	-2.7%
	구로구	2.61	2.57	2.53	-1.3%	-1.4%
	금천구	2.43	2.39	2.35	-1.7%	-1.5%
	영등포구	2.50	2.46	2.42	-1.7%	-1.5%
	동작구	2.45	2.44	2.40	-0.4%	-1.4%
	관악구	2.18	2.14	2.10	-1.7%	-1.7%
동남권	서초구	2.69	2.67	2.62	-0.7%	-1.6%
	강남구	2.52	2.51	2.48	-0.4%	-1.2%
	송파구	2.70	2.68	2.63	-0.9%	-1.8%
	강동구	2.66	2.64	2.60	-0.8%	-1.7%

자료: 통계청

각 권역을 비슷한 생활권이라고 볼 때, 각 권역 내에서 가구당 가구원 수가 가장 덜 감소하는 자치구의 아파트 단지들도 눈여겨볼 필요가 있다. 종로구와 중구는 직주근접 측면에서 경쟁력이 워낙 뛰어나 가구당 가구원 수도 덜 감소하는 상황이다. 일자리 측면에서 아쉬움이 있는 동북권에서는 광진구와 동대문구의 감소폭이 상대적으로 적은 바, 이들 자치구의 주거지가 인기를 끌고 있다는 사실을 알 수 있다. 서북권에서는 서대문구의 아파트가 상대적으로 그런 위치를 차지하고 있으며, 서남권에서는 강남에 상대적으로 인접한 동작구의 가구당 가구원 수 감소폭이 상대적으로 덜하다. 동남권은 강남구가 독보적인 위치를 점하고 있어 꾸준한 주거 수요가 있음이 확인된다.

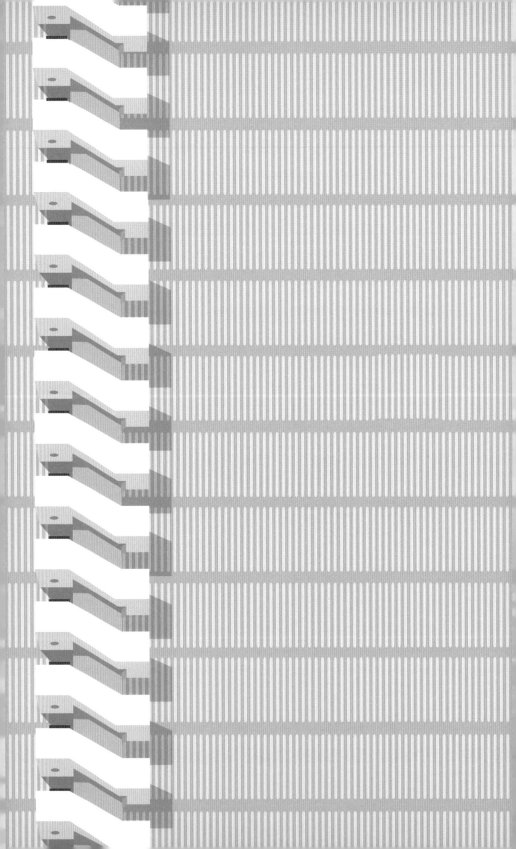

PART 04

그래서
어디를 사야 할까

서울과 경기 아파트 시장의
디커플링

2019년 7월 기준, 서울시 인구는 975만여 명인데 비해 경기도 인구는 1,318만여 명에 이른다. 2000년 총인구조사 때만 해도 서울시 인구는 990만여 명이이었고 경기도 인구는 898만여 명으로 서울시보다 적었다. 그러나 2005년 총인구조사 때 경기도 인구가 1,042만여 명을 기록하면서 서울시를 능가하게 되었고 2010년 1,138만여 명, 2015년 1,286만여 명에 이어 현재는 1,318만여 명에 이른다. 우리나라 인구 4명 중 1명이 경기도에 사는 것이다. 3기 신도시가 건설되면 경기도의 인구는 더욱 늘어날 것이다. 규모 면에서 보더라도 부동산 시장에서 서울과 더불어 가장 중요한 위치를 점하고 있는 곳이 경기도라고 할 수 있다. 따라서 서울만 다루었던 전작과 달리 이번에는 경기를 분석 대상으로 추가했다.

사실 서울시와 경기도 아파트 시장은 장기간 동조화된 경향을 보였다. 오를 때는 같이 오르고, 내릴 때는 같이 내리면서 한 몸과 같은 모습이었다. 이를 지표로 우선 살펴보자.

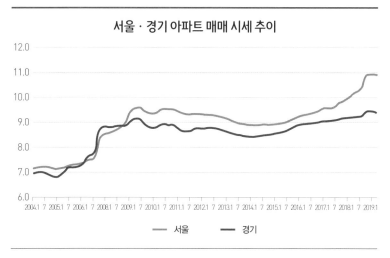

서울 · 경기 아파트 매매 시세 추이

※ 2003년 12월 매매 시세=1.0　　　　　　　　　　　　　　　　　　　　자료: KB부동산

앞의 그래프는 서울과 경기 아파트의 2003년 12월 매매 시세를 각각 1.0으로 전제하고 2019년 4월까지의 매매 시세 추이를 도식화한 것이다. 2007년까지 서울과 경기 아파트는 비슷한 시세 추이를 그리다가 2008년에 차이를 벌린 후부터는 다시 일정한 차이를 10여 년간 유지했다. 그런데 2017년 하반기부터 다시 격차가 벌어졌다. 보기 쉽게 이번에는 다음 페이지에 있는 매매 시세 상승률 추이를 확인해보자.

상승률 추이는 더 놀랍다. 일부를 제외하면 대부분의 구간에서 서울과 경기 아파트 매매 시세 상승률은 유사한 모습으로 움직이고 있다. 특히 2009년부터 2016년까지 두 지역의 상승률은 거의 일치하는 모습이다. 그러다가 2017년 하반기부터 서울 아파트의 상승률

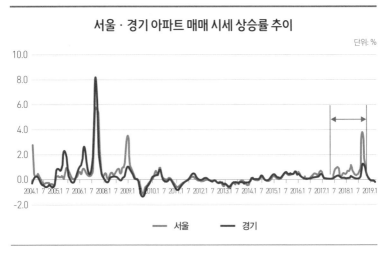

서울·경기 아파트 매매 시세 상승률 추이

단위: %

자료: KB부동산

이 경기를 압도한다. 이는 앞서 언급한 일본의 상황과 묘하게 맞아
떨어진다. 양극화가 시작된 이후 도쿄와 수도권 도시들은 하락기에
는 비슷한 증감률로 하락하다가 상승기에는 차이를 벌렸는데, 서울
과 경기 아파트도 마찬가지 상황이다. 대체로 비슷한 증감률을 보
이다가 폭등기에는 서울이 경기를 압도하는 것이다.

이유는 크게 두 가지다.

첫째, 2017년부터 두 지역의 아파트 입주 물량에 극명한 차이가
벌어졌기 때문이다. 서울은 2011~2015년 5년간 연평균 3만 2,022
호가 입주했으며 2016년 3만 3,566호, 2017년 2만 8,060호, 2018
년 4만 3,738호가 입주했다. 반면, 경기는 2011~2015년 5년간 연
평균 6만 1,661호가 입주했으나 2016년 9만 7,747호, 2017년 13

만 3,790호, 2018년 17만 9,997호가 입주하는 물량 폭탄을 맞이했다. 즉, 서울은 2016~2018년 연평균 입주 물량이 3만 5,712호로 2011~2015년 연평균 입주 물량 대비 +12%만 초과한 반면, 경기는 2016~2018년 연평균 입주 물량이 13만 7,178호로 2011~2015년 연평균 입주 물량 대비 무려 +112%나 초과했다. 이는 고스란히 물량 부담으로 이어져 서울과 경기 아파트 시세의 디커플링을 초래했다.

둘째, 8.2 대책과 9.13 대책으로 다주택자 양도세 중과, 대출 규제, 임대주택사업자 혜택 축소 등 정부가 다주택자에 대한 규제를 강화하면서 똘똘한 한 채 선호 현상이 짙어졌다. 정책의 부작용으로 서울에 투자하려는 사람들이 많아진 것이다. 결국 이것이 서울과 경기의 디커플링을 낳은 두 번째 원인이다.

그렇다면 이 디커플링은 추세일까, 일시적인 것일까. 다음 장에서 그 가능성을 알아보도록 하자.

경기 아파트 시장 중장기 전망

서울 아파트 시장 중장기 전망 시 사용한 지표를 이용해 경기 아파트 시장을 전망해보겠다. 우선 수요 관점에서 살펴볼 때, 경기 아파트 시세 증감률과 높은 상관관계를 보인 계층은 다음과 같았다.

경기 아파트 시세 증감률과 가장 상관관계가 높았던 연차별 부부 조합

경기 아파트 시세 증감률과의 상관계수	2004~2017년
경기 10~11년차 부부	0.78
경기 10년차 부부	0.77
경기 9~11년차 부부	0.47
경기 11년차 부부	0.42

자료: KB부동산, 통계청

경기 아파트 시세 증감률과 가장 높은 상관관계를 보인 계층은 경기 10~11년차 부부다. 서울 아파트 시세 증감률과 가장 높은 상관관계를 보인 계층이 서울·경기 10~11년차 부부였음을 감안한다면 경기 아파트 시세 역시 경기 10~11년차 부부와 밀접한 상관관계가 있는 것은 우연의 일치가 아니다. 10~11년차 부부가 가장 강력한 실수요 계층인 셈이다. 한 가지 특이한 점은 서울 아파트 시세 증감률과 서울·경기 10~11년차 부부 증감률 간 상관계수가 0.61이었는데 반해, 경기 아파트 시세 증감률과 경기 10~11년차 부부 증감률 간 상관계수는 무려 0.78로 더 높은 상관관계를 보여주고 있다는 것이다. 10~11년차 부부가 실수요층이라고 판단해본다면, 이는 서울 아파트보다 경기 아파트 시세에 투자수요보다 실수요가 더 많은 영향을 미친다는 것이며, 향후 10~11년차 부부 증감률이 경기 아파트 시세 전망에 더 높은 정확성을 담보해준다고 예측할 수 있다.

그렇다면 앞으로의 경기 10~11년차 부부 증감률은 어떻게 될까.

경기 10~11년차 부부 증감률

2018년	2019년	2020년	2021년	2022년	2023년	2024년
+0.5%	-4.9%	+0.3%	+3.8%	+0.6%	-0.9%	-3.3%

앞서 언급한 서울·경기 10~11년차와 유사한 흐름이 될 수밖에 없다. 2019년에 크게 줄어든 경기 10~11년차 부부는 2021년에 크게 늘어났다가 2024년부터 큰 폭의 감소세로 돌아선다. 즉, 경기 아

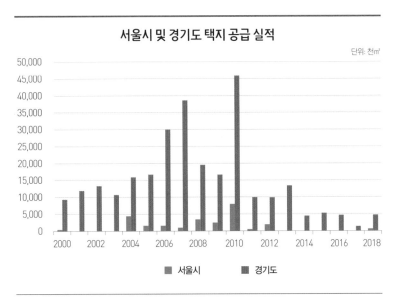

서울시 및 경기도 택지 공급 실적

단위: 천㎡

자료: 통계청

파트도 2021년에 강한 상승 압력을, 2024년부터는 하방 압력을 맞이하게 될 것이다.

그렇다면 이번에는 공급 측면에 대해 알아보자. 앞서 서울과 경기의 디커플링을 불러일으킨 첫 번째 이유로 양 지역의 공급 물량 차이를 들었다. 따라서 디커플링이 추세적인지 일시적인지를 따져보려면 향후 공급 물량을 봐야 한다. 우선 향후 주택 공급 확대 여력을 추정할 수 있는 택지 지정, 공급 실적을 보자.

앞의 그래프는 서울시와 경기도의 택지 공급 실적을 나타낸 것이다. 서울시와 경기도의 기본적인 면적 차이가 크다고 해도 서울시의 택지 공급은 사실상 끊긴 상황임을 그래프에서 확인할 수 있다.

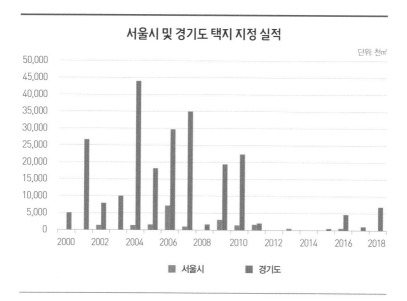

서울시 및 경기도 택지 지정 실적

단위: 천㎡

자료: 통계청

반면, 경기도의 택지 공급 실적은 2010년을 정점으로 감소 추세이긴 하나 2014년 이후에도 여전히 400만~500만 ㎡ 수준의 택지 공급이 이어지고 있다. 그렇다면 보다 중장기적인 공급 확대 여력을 추정 가능케 하는 택지 지정 실적을 들여다보자.

앞의 그래프는 서울시와 경기도의 택지 지정 실적을 나타낸 것이다. 서울시와 경기도 모두 2011년부터는 택지 지정이 없었다시피 하나, 2018년에 경기도 택지 지정이 다시 진행되는 모습이다. 3기 신도시 자체가 모두 경기도에 위치하고 있기 때문에 경기도의 택지 지정 및 공급은 향후 다시 늘어날 것이다. 사실 3기 신도시는 서울에도 타격을 줄 수 있지만 경기도에 더 큰 타격을 준다. 그 이유는 서울에 인접한 3기 신도시가 새로운 천장 역할을 하기 때문이다.

지금까지는 서울 아파트의 가격대가 경기 아파트의 천장 역할을 했기 때문에, 서울 아파트가 올라가면 경기 아파트도 그 갭을 메우면서 상승할 공간이 있었지만, 향후 서울과 경기의 기존 아파트 사이에 3기 신도시가 들어설 경우 서울보다 낮은 천장이 생기면서 경기 기존 아파트의 가격 상승에 제약이 걸린다.

결론적으로 택지 지정 및 공급 실적을 보면 서울은 재건축, 재개발 활성화를 제외하고는 새로운 택지 공급이 거의 없기 때문에 공급 확대에 제약이 클 수밖에 없다. 그마저도 각종 규제로 진행이 어려운 상황이다. 이와 반대로 경기는 추가적으로 공급 가능한 여력이 충분하기 때문에 중장기 물량 부담도 여전한 상황이다. 즉, 서울과 경기의 디커플링은 일시적이 아닌 추세일 가능성이 크다.

지금까지 서울과 경기의 택지 지정, 공급 실적을 알아봤다면 마지막으로 직접적인 물량 부담이 될 아파트 인허가 실적도 잠시 알아보도록 하자. 경기도 아파트의 신규 공급은 정비사업 물량이 아니라 대부분 신축이므로, 인허가 실적과 분양 실적이 거의 비슷하다고 보면 된다.

2018년의 경기도 아파트 인허가 물량은 13만 753호로, 인허가 정점을 찍은 2015년 20만 8,137호에 비하면 줄어들긴 하였으나 예년에 비해서는 여전히 많은 인허가 물량을 기록하고 있다. 2004~2018년 연평균 인허가 물량 12만 4,783호 대비해서도 +5% 많은 물량이다. 따라서 경기도 아파트는 중장기적으로 적지

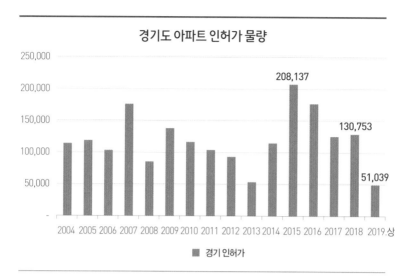

경기도 아파트 인허가 물량

자료: 통계청

않은 공급이 이어질 것이다. 그나마 긍정적인 것은 2019년 상반기 인허가 물량이 5만 1,039호에 불과해 인허가가 감소할 가능성이 점쳐지나 3기 신도시가 진행될수록 다시 인허가가 늘어날 소지가 있기 때문에, 택지 공급 실적을 보나 아파트 인허가 실적을 보나 서울보다는 경기 아파트의 물량 부담이 앞으로 더 클 것이다.

미래가치가
뛰어난 단지 78곳

앞서 밝혔듯 경기도는 서울에 비해 여전히 공급 과잉 가능성이 상존하는 곳이다. 따라서 추천 단지를 선정할 때도 서울보다 신중한 접근이 필요하다. 여기서도 그래프 하나를 소개하고 이야기를 풀어나가고자 한다.

복잡해 보이는 그래프이지만 의미하는 바는 간단하다. 우선 다음 페이지의 그래프는 서울과 주변 도시인 과천, 분당, 평촌, 산본, 중동, 일산의 2013년 4분기 매매 시세를 1.0으로 전제하고 2019년 2분기까지 시세 추이를 그려본 것이다. 다만 평촌, 산본, 중동, 일산 신도시가 속한 안양시 동안구, 산본신도시가 속한 군포시, 중동신도시가 속한 부천시, 일산동·서구가 속한 고양시로 조사했기 때문에 조금씩 실제 신도시 시세와 차이가 있을 수 있다. KB부동산 데이터는 신도시만 별도로 시세를 산출하지 않기 때문이다.

2019년 2분기 기준 매매 시세는 서울시 1.32, 과천시 1.25, 성남시 분당구(분당) 1.42, 안양시 동안구(평촌) 1.30, 군포시(산본) 1.20, 부

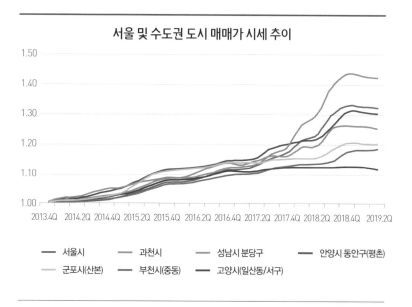

서울 및 수도권 도시 매매가 시세 추이

1.50

1.40

1.30

1.20

1.10

1.00

2013.4Q 2014.2Q 2014.4Q 2015.2Q 2015.4Q 2016.2Q 2016.4Q 2017.2Q 2017.4Q 2018.2Q 2018.4Q 2019.2Q

— 서울시   — 과천시   — 성남시 분당구   — 안양시 동안구(평촌)
— 군포시(산본)   — 부천시(중동)   — 고양시(일산동/서구)

※ 2013년 4분기 매매 시세=1.0   자료: KB부동산

천시(중동) 1.18, 고양시(일산동·서구) 1.11로 나타났다. 서울을 제외하고 매매 시세 상승률, 서울 시세와의 상관관계, 서울 강남(편의상 강남역)과의 물리적 거리 순으로 나열해본 결과는 다음 페이지의 표와 같다.

그 안에서 조금씩 변동이 있을지언정, 매매 시세 상승률이나 서울 시세와의 상관관계, 강남과의 물리적 거리 모두 1~3위 그룹은 분당, 과천, 평촌, 4~6위 그룹은 산본, 중동, 일산이었다. 결국 강남과의 물리적인 거리가 서울 매매 시세와의 동조화 및 상승률에 대단히 중요하다는 새삼스러운 사실이 확인된 셈이다.

과천, 1기 신도시와 서울과의 상관성

구분	매매 시세 상승률	서울 시세와의 상관관계	강남과의 물리적 거리
1위	분당	분당	과천
2위	평촌	과천	분당
3위	과천	평촌	평촌
4위	산본	중동	산본
5위	중동	산본	중동
6위	일산	일산	일산

여기서 더 깊게 들어가면, 강남과의 물리적 거리에서 앞서는 과천이 매매 시세 상승률이나 서울 시세와의 상관관계 면에서 분당에 다소 밀리는 사실이 눈에 띈다. 결국 분당의 자족기능 강화뿐 아니라 신분당선 개통으로 분당과 강남의 물리적 거리를 뛰어넘는 이동 시간 단축이 이루어졌기 때문이다. 이는 분당이 서울 주변 도시 중에 유일하게 서울을 뛰어넘는 상승률을 기록한 원동력 중 하나였다고 해도 과언이 아니다. 이를 넓게 해석해보면, 신규 철도망이 개통되어 강남과의 접근성이 새로이 개선되는 역세권 단지들을 눈여겨봐야 한다는 결론으로 이어진다.

내재가치가 높은 서울 내 추천 단지들에 이어 두 번째 추천 단지 기준으로 이번에는 미래가치가 뛰어난 단지들을 물색해보았다. 여기서 말하는 미래가치가 뛰어난 단지들이란 교통망 확충으로 업무지구와의 접근성, 즉 직주근접 면에서 획기적으로 입지가 개선되는 곳이다. 신규 철도 개통이 갖는 의미에 대해서는 여러 언론에서 소개한 영국 런던의 크로스레일을 통해 좀더 설명해보고자 한다.

크로스레일은 런던의 서쪽 레딩 지역에서 출발해 런던 도심을 지나 동쪽 셰필드까지 118km를 잇는 광역급행철도 건설 사업이다. 우리의 GTX와 비슷한 사업이라 할 수 있다. 2009년에 착공했고 10년만인 2019년 말 모든 구간이 개통되는 대규모 사업이다. 속도는 지상 구간이 최고 시속 160km, 지하 구간이 시속 100km로, 런던 동서부 종점에서 중심지까지 45분 안에 도착이 가능하다.

영국의 은행 및 리서치 업체들은 지난 10년간 크로스레일 주변 집값이 런던의 평균 집값 상승률을 웃돌았다고 분석했다. 영국 최대 은행인 로이드뱅크가 2016년 발표한 조사에 따르면 크로스레일 노선 선상에 위치한 주택의 평균 거래가격은 2014년 34만 4,000파운드(약 5.1억 원)에서 2016년 42만 1,000 파운드(약 6.2억 원)로 2년 동안 22% 상승했다. 런던의 평균 집값 상승률인 14%를 크게 능가하는 수치다. 런던 중심에서 가장 멀리 떨어진 레딩역(서쪽 종점) 주변은 26%, 아비우드역(동쪽 종점) 주변은 47%나 올랐다. 이는 시사하는 바가 크다. 영국 리서치업체는 2021년까지 크로스레일 인근 주거 및 상업용 부동산 자산가치가 55억 파운드(약 8조 1,886억 원) 가량 오를 것으로 분석했다.

이미 역세권은 많이 올라서 새삼스레 역세권 주변 단지를 추천 단지로 삼는 것이 과연 옳은가에 대한 반론도 충분히 있을 수 있다. 그러나 기존 역세권과 비역세권의 차이도 갈수록 벌어지고 있다.

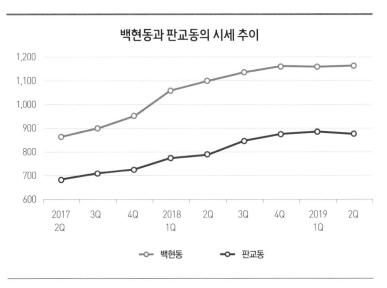

백현동과 판교동의 시세 추이

| | 2017 2Q | 3Q | 4Q | 2018 1Q | 2Q | 3Q | 4Q | 2019 1Q | 2Q |

※ 1㎡당 시세

자료: 부동산114

두 가지 예를 살펴보자.

판교역(신분당선)이 위치한 동판교의 백현동 그리고 판교역과 다소 떨어져 있는 서판교의 판교동. 두 지역의 1㎡당 시세 차이를 그래프에 표시했다. 1㎡당 시세 차이는 2017년 2분기 181만 원에서 2019년 2분기 282만 원으로 확대되었다. 해당 기간 동안 입지의 변화는 없었다. 오히려 잇따라 조성되는 제2, 3판교테크노밸리는 물리적 거리가 동판교보다 서판교에 가까움에도 불구하고 동판교가 더 치고 올라갔다.

더 극명한 차이를 보여주는 것은 다음 사례다. 다음 그래프는 동탄2신도시 내에서도 이미 SRT가 개통했고 GTX도 개통 예정인 동

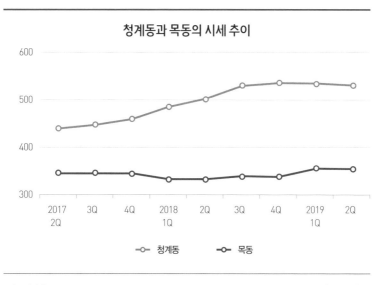

청계동과 목동의 시세 추이

※ 1㎡당 시세   자료: 부동산114

탄역이 위치한 청계동 그리고 동탄역과 다소 떨어져 있는 목동의
시세를 비교한 것이다. 역시 차이가 크게 벌어지고 있음을 확인할
수 있다. 2019년 1분기에 다소 갭이 줄어들었지만 그렇다 해도 1㎡
당 시세 차이는 2017년 2분기 93만 원에서 2019년 2분기 175만 원
으로 확대된 상태다.

판교와 동탄의 사례는 앞서 설명한 바 있는 일본 부동산 시장의
모습을 그대로 답습하고 있다. 핵심지에 대한 쏠림 현상은 우리나
라에서도 사실상 진행되고 있다. 고소득층뿐 아니라 고령층 역시
역세권으로 몰려들고 있고, 고령화 시대의 도래로 역세권의 범위도
더욱 좁혀지고 있는 일본 부동산 상황은 우리에게도 더더욱 역세권

의 중요성을 되새기게 한다. 하물며 새로운 역세권의 투자 가치는 더할 나위 없이 중요하다. 신규 철도 개통으로 주요 업무지구에 대한 접근성이 크게 개선되는 곳이라면 눈여겨볼 만한 가치는 충분하다. 그런 의미에서 가장 눈에 띄는 신규 철도망은 역시 GTX와 신안산선이다.

GTX는 수도권 외곽에서 서울 도심의 주요 거점을 연결하는 광역급행철도다. 앞서 설명한 바와 같이 A, B, C 3개 노선이 추진되고 있다. 평균 속도가 시속 110km에 달해 물리적 거리를 시간상으로 크게 단축시킨다. 가령 A노선이 개통되면 일산에서 삼성역까지 이동시간이 80분에서 20분으로, C노선이 개통되면 수원역에서 삼성역까지 이동시간이 78분에서 22분으로 줄어들며, B노선이 개통되면 송도에서 서울역까지 27분 만에 도착한다. 서울 외곽 및 수도권에서 서울 내 주요 업무지구로 출퇴근이 용이해지면서 서울의 주거 수요가 분산되고 서울 외곽의 교통 인프라가 개선되는 데 그 목적이 있다. 따라서 그동안 주요 업무지구로의 접근성이 취약했던 곳 중에 GTX와 신안산선 역세권 반경 500m 내에 위치한 아파트 단지를 눈여겨봐야 한다.

앞서 일본의 사례를 예로 들면서 서울과 서울 외 지역의 차별화가 지속될 것이라고 전망한 바 있다. 그런 점에서 볼 때 GTX와 신안산선의 개통은 해당 역세권 단지를 서울 생활권으로 편입시킴으로써 서울의 차별화된 장세에 동참케 할 것이다. GTX와 신안산선 역세권 단지들을 눈여겨봐야 하는 이유다.

이제 GTX-A부터 시작해보자.

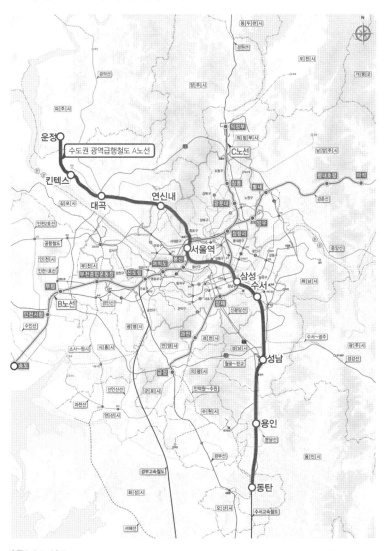

GTX-A 노선도

자료: 국토교통부

총 83.3km의 구간에 10개 정거장(동탄~용인~성남~수서~삼성~서울역~연신내~대곡~킨텍스~운정)을 거치는 GTX-A는 총 3조 4,000억 원의 사업비가 투입되며 상대적으로 가장 빠르게 진행되고 있다. 강남의 새로운 중심으로 부상할 삼성역에 대한 접근성이 크게 개선되면서 경부축 대비 상대적으로 소외되었던 단지들의 주거 가치 향상에 크게 기여할 전망이다. 또한 서울시에서 서울역과 연신내역 사이에 광화문역 추가를 건의하고 있어 국토부와 협의 중에 있다. 수서역~동탄역 구간은 SRT 노선을 공유하며 운정역~삼성역 구간은 정부와 민간이 사업 위험을 각각 40%, 60%씩 분담하는 위험분담형 민간투자사업으로 추진될 예정이다. GTX-A는 GTX-B, C 대비 빠른 진척이 예상되는 것만으로도 눈여겨볼 가치가 있다. 지금부터는 GTX-A가 개통되는 역 반경 500m 안에 위치하며 어느 정도 세대 규모가 되는 단지들을 소개하고자 한다.

동탄역

동탄역은 이미 개통된 SRT에 이어 GTX-A까지 개통될 경우 경기 남부권의 교통 요지로 거듭난다. 기존의 삼성전자 접근성에 더해 삼성역으로도 접근이 용이해짐에 따라 동탄역 주변 역세권 단지들의 주거 가치 개선이 기대된다. 특히 도시 규모에 비해 상대적으로 상권이 약했으나 인근에 롯데백화점이 입주할 예정이다. 따라서 약점도 상쇄될 전망이다. 게다가 GTX-A가 개통될 2024년에도 주

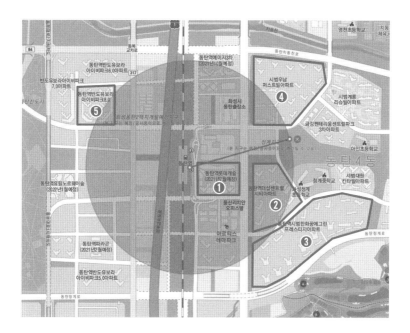

단위: 만 원

단지	세대수	입주연월	매매시세	전세시세	용적률
① 동탄역 롯데캐슬	940	2021. 07	-	-	-
② 동탄역 더샵센트럴시티	874	2015. 09	87,500	34,000	210%
③ 동탄역 시범한화꿈에그린	1,817	2015. 10	84,000	32,500	198%
④ 시범 우남퍼스트빌	1,442	2015. 03	79,000	33,000	172%
⑤ 동탄역 반도유보라 아이비파크 8.0	671	2018. 10	75,000	25,500	399%

※ 2019년 10월 18일 기준, 34평   자료: KB부동산

변 역세권 단지들 대부분이 입주한 지 10년 이내의 신축 범주 안에
드는 연식이라는 것도 큰 장점이다.

그런 측면에서 GTX 역세권에다 롯데백화점과 롯데마트에 곧바로 연결되는 동탄역 롯데캐슬의 입지 가치는 동탄 신도시 대장주로 손색이 없다. 초등학교가 다소 먼 것이 아쉽지만 워낙 입지가 좋기 때문에 대기 수요는 풍부하다. 비슷한 예로 판교 알파리움이 있다. 단지 규모도 비슷한 수준이고(동탄역 롯데캐슬 940세대, 판교 알파리움 931세대) 초등학교가 멀다는 단점도 비슷하다. 게다가 초역세권에 백화점을 끼고 있는 입지 장점도 비슷하다. 판교 알파리움은 푸르지오그랑블에 이어 판교에서 두 번째로 높은 시세를 자랑하고 있는데 동탄역 롯데캐슬도 입주 후 매매가는 강세를 띨 수밖에 없다.

그 다음은 동탄역과의 거리에 따라 조금씩 시세가 달라지고 있는데, 동탄역 더샵센트럴시티와 시범한화꿈에그린은 비록 롯데캐슬에 동탄 대장주 자리를 내놓게 될 것으로 보이나 롯데백화점, 롯데마트 입점 수혜를 똑같이 입는 데다 초등학교(청계초), 중학교(청계중)를 품에 안은 단지라 롯데캐슬의 매매가를 뒤따라갈 것으로 보인다.

동탄역 반도유보라 아이비파크는 동탄역 반경 500m에 살짝 걸쳐 있는 단지다. 그러나 역세권 단지로 보기는 힘들다. 반경 500m에 위치하긴 하나 동탄역과의 사이에 경부고속도로가 있기 때문이다. 그러나 현재 진행 중인 경부고속도로 지상공원화 작업이 완료되면 동탄역까지의 물리적 거리가 획기적으로 단축된다는 점에서 미래 호재가 있는 단지다.

용인역

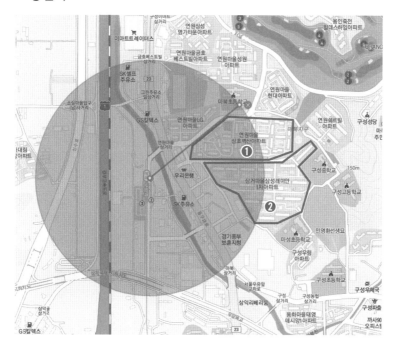

단위: 만 원

단지	세대수	입주연월	매매시세	전세시세	용적률
① 연원마을 삼호벽산	1,576	2000. 09	51,000	25,000	223%
② 삼거마을 삼성래미안1차	1,282	2002. 12	65,000	32,000	194%

※ 2019년 10월 18일 기준, 34평 　　　　　　　　　　　　　　　　　자료: KB부동산

　　GTX 용인역은 분당선 구성역 바로 서쪽에 세워질 전망이다. 기존에는 구성역에서 선릉역까지 분당선으로 스무 정거장이나 가야 되서 강남과의 접근성이 떨어졌으나 GTX-A 개통 시 삼성역까지

세 정거장 만에 도착이 가능하여 주요 업무지구 접근성이 획기적으로 개선되는 곳 중 하나라고 볼 수 있다.

연원마을 삼호벽산은 이마트 트레이더스가 인근에 있고 초등학교(마북초)도 단지 바로 앞에 위치해 실거주 측면에서 가치 있는 곳이다. 삼거마을 삼성래미안1차는 구성역 역세권 단지들의 대장주라고 할 수 있는데 초중고등학교(마성초, 구성중, 구성고)를 품에 안은 단지인데다 단지 안에 수영장이 있다. 단지 안에 마을버스가 다닌다는 점도 역 접근성을 더욱 강화시켜주는 요소다.

그러나 가장 아쉬운 점은 정부가 3기 신도시를 발표하면서 중소규모 택지 중 구성역 주변에 1만 1,000호를 공급하겠다고 밝힌 것이다. 2020년부터 분양을 개시하겠다는 정부 목표대로 진행된다면 GTX-A 개통보다 더 빠른 시기에 입주할 가능성도 있다. GTX-A 개통이라는 호재와 신축 물량 부담이라는 악재가 맞부딪히는 상황이다. 따라서 해당 단지에 관심이 있다면 GTX-A와 신축 1만 1,000호 공급의 진척 상황을 반드시 들여다봐야 한다. 만일 신축 공급이 더 빠른 상황으로 전개될 경우 아쉽게도 해당 단지에 대한 매입은 신중해야 한다.

성남역

봇들9단지 금호어울림과 아름마을5단지 풍림은 GTX-A 개통 시 성남역 초역세권 단지로 거듭난다. 봇들9단지는 중대형 평형 위주

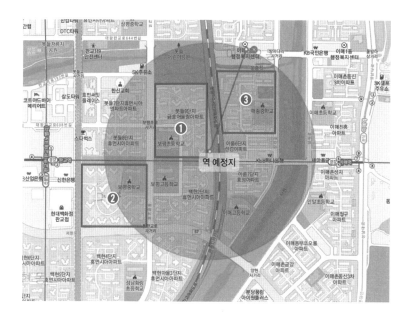

단위: 만 원

단지	세대수	입주연월	매매시세	전세시세	용적률
① 봇들9단지 금호어울림	850	2009. 07	151,500	76,500	185%
② 판교 푸르지오그랑블	948	2011. 07	167,500	82,500	200%
③ 아름마을5단지 풍림	876	1993. 08	89,000	45,500	204%

※ 2019년 10월 18일 기준. 봇들9단지 38평, 푸르지오그랑블 36평, 아름마을 5단지 29평   자료: KB부동산

로 구성되어 이미 동판교 내에서도 부촌으로 알려져 있다. 기존 신분당선 판교역 접근성에 더해 GTX 성남역까지 개통되고 굿모닝파크(분당수서 고속화도로 지하화 작업)까지 완공되면 분당선 이매역까지 도보로 접근이 가능해져 트리플 역세권으로 탈바꿈하게 된다. 강남(강남역, 삼성역, 선릉역)으로 이어지는 노선이 세 개나 있기 때문에 경기도

에서 강남 접근성이 가장 우수한 단지로 거듭나게 되는 셈이다. 안 그래도 판교테크노밸리가 확장하고 있는 가운데(제1, 2, 3 판교테크노밸리) 강남 접근성까지 지속적으로 개선됨으로써 직주근접 측면에서 더욱 가치 있는 단지가 된다.

이는 아름마을5단지 풍림에도 적용되는 이야기다. 특히 분당선 이매역 접근성만 있었던 풍림 입장에서는 비약적인 입지 강화가 기대된다. 매매, 전세 수요의 증가뿐 아니라 GTX-A가 개통되는 2024년에는 재건축 연한에 다다르게 되어 정비사업에 대한 기대 수요도 몰릴 것으로 보인다. 47평 소유주의 경우 대지지분이 21평이므로 강화되는 입지를 감안하면 30평 초반대의 신축도 무상으로 받을 수 있다. 47평 시세가 11억 내외라고 감안한다면 분당 트리플 역세권 30평대 신축 가치로는 경쟁력이 있다.

특히 봇들9단지와 아름마을5단지는 또 다른 호재가 있다. 앞서 짤막하게 언급한 분당수서 고속화도로 지하화, 일명 굿모닝파크 사업이다. 판교와 분당 사이에는 분당수서 고속화도로가 자리 잡고 있어 두 지역 사이의 물리적 접근성은 다소 떨어졌다. 그러나 1,500억 원을 투입해 분당수서 고속화도로 매송~벌말 1.9km 구간에 교량 형태의 구조물을 씌우고 그 위에 흙을 덮어 녹지를 조성하는 사업이 추진되고 있다. 당초 예정보다 진행이 늦어지고 있지만 현재는 2021년 말 완공을 목표로 한다. 굿모닝파크 사업이 완공될 경우 동판교와 분당 사이의 도보 접근성이 대폭 개선되어 봇들9단지는 분당선(이매역), 아름마을5단지는 신분당선(판교역)과의 접근성이 좋

분당수서 고속화도로 지하화 조감도   자료: 성남시

아진다. 굳이 따지자면 아름마을5단지의 수혜가 조금 더 크다고 볼
수 있다. 게다가 기존의 소음과 매연이 사라지고 8만 3,000㎡ 규모
의 공원이 앞마당에 생기기 때문에 두 단지에는 작지 않은 호재다.

　이에 비해 판교 푸르지오그랑블은 이미 판교 대장주로 그 유명
세를 떨치고 있는 단지다. 948세대로 적지 않은 규모고 용적률도
200%로 나쁘지 않은 수준이다. 판교역과 현대백화점을 품에 안고
있는 듯한 입지에 롯데마트까지 바로 앞에 있어 생활편의성도 무척
뛰어나다. 판교 푸르지오그랑블은 동판교 유일의 1군 건설사 브랜
드 단지라는 희소성까지 갖추고 있어 판교 내에서 대장주의 위치를
점하는 데 손색이 없다. 게다가 GTX 성남역까지 설치될 경우 그 입
지 가치는 더욱 공고해질 것이다.

연신내

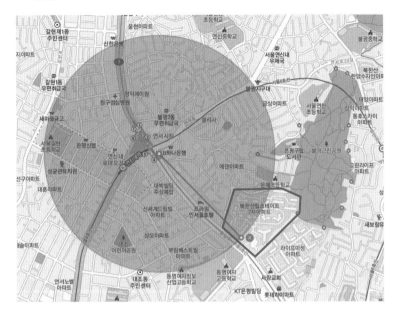

단위: 만 원

단지	세대수	입주연월	매매시세	전세시세	용적률
북한산 힐스테이트7차	1,070	2011. 07	77,500	47,500	208%

※ 2019년 10월 18일 기준, 34평   자료: KB부동산

북한산 힐스테이트7차도 그동안 주요 업무지구 접근성에서 좋은 점수를 받지 못한 입지였다. 그러나 GTX 개통 시 서울역까지 한 정거장, 삼성역까지 두 정거장 내에 접근이 가능해지면서 접근성의 비약적인 개선이 기대된다. 단지 규모도 1,000세대 이상이고 입주 8년차로 비교적 신축에 가까운 연식이므로 향후 전망이 밝은 편

이다. 다만 멀지 않은 곳에 3기 신도시 고양 창릉 3만 8,000호가 들어선다는 것은 작지 않은 부담이다. 판교 제1테크노밸리의 2.7배에 이르는 41만 평을 자족 용지로 조성하겠다는 것이 국토교통부의 주장이나 그렇게 쉽게 기업을 유치할 수 있을지도 미지수다. 2022년부터 분양을 개시한다는 정부 목표대로라면 2024년부터 입주가 개시될 전망이나 보통 이보다 다소 늦춰진다고 볼 때, GTX-A 개통이 먼저 진행될 수 있다. 구성역과 마찬가지로 GTX-A와 고양 창릉 신도시 진척 상황 비교는 필수적이며 GTX-A가 더 빠른 진척을 보일 경우 직주근접 개선으로 당분간 괜찮은 투자 가치가 기대된다.

킨텍스역

킨텍스역은 아직 역사 위치가 확정되지 않은 상태다. 다음 페이지 그림에서 보듯이 킨텍스 사거리가 유력한 후보지이나 부지가 협소한 관계로 조금 더 서북쪽으로 이동할 수도 있다. 그러나 기존의 유력한 후보지든 새로운 후보지든, 킨텍스 꿈에그린과 킨텍스 원시티가 가장 수혜 단지임은 부인할 수 없는 사실이다. 두 단지 모두 2019년에 입주한 따끈따끈한 신축인 데다 주변에 현대백화점, 이마트, 이마트 트레이더스, 빅마켓이 있어 실거주 가치도 뛰어나고 주변에 K컬처밸리, 한류월드, 일산테크노밸리, 방송영상문화 콘텐츠밸리 등 각종 인프라도 조성되고 있어 일산의 대장주 자리를 상당 기간 굳건히 할 곳으로 보인다. 또한 2019년 말부터 2020년까지

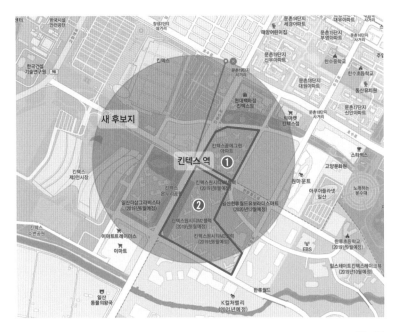

단위: 만 원

단지	세대수	입주연월	매매시세	전세시세	용적률
① 킨텍스 꿈에그린	1,100	2019. 02	76,500	43,000	690%
② 킨텍스 원시티	2,038	2019. 08	85,500	45,000	-

※ 2019년 10월 18일 기준, 34평 　　　　　　　　　　　　　　　　　자료: KB부동산

이 일대에 2조 원 수준의 토지보상금(고양장항 공공택지지구, 일산테크노밸리, 방송영상문화 콘텐츠밸리)이 풀릴 예정인 것도 킨텍스역 주변 신축 단지들에 상당한 호재가 될 전망이다.

다만 이들 단지보다 서울과 근접한 거리에 고양 창릉 신도시가 생기기 때문에 신축 및 GTX-A 개통의 이점을 충분히 누리지 못할 가능성도 있다. 자급자족 가능한 도시로 거듭날 수 있는지 여부가 킨텍스 꿈에그린과 원시티의 중장기 성패를 좌우할 전망이다. 즉, 일산테크노밸리에 기업들이 순조롭게 입주하는지를 지속적으로 체크해야 한다.

운정역

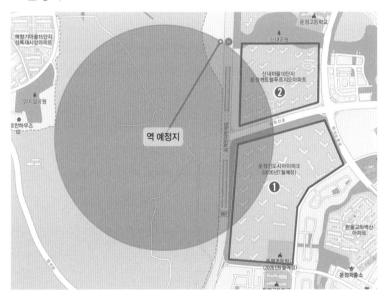

단위: 만 원

단지	세대수	입주연월	매매시세	전세시세	용적률
① 운정신도시 아이파크	3,042	2020. 07	-	-	-
② 산내마을10단지 운정센트럴푸르지오	1,956	2018. 07	47,500	32,250	199%

※ 2019년 10월 18일 기준, 34평   자료: KB부동산

운정역의 경우도 아직 역사 위치가 확정된 것은 아니나 대략적인 윤곽은 나와 있는 상태다. 운정신도시 아이파크와 산내마을 10단지 운정센트럴푸르지오가 가장 수혜 단지로 꼽힌다. GTX 역세권 내 규모 신축 단지라는 점에서 향후 가치가 기대되나 킨텍스와 마찬가지로 고양 창릉 신도시의 영향을 받을 수 있는 점이 아쉽다. 최악의 경우는 GTX-A 개통 시점과 고양 창릉 신도시 입주 시점이 겹치는 것이다. 이 경우 GTX 역세권이라고 해도 수혜가 제한적일 수밖에 없다. 따라서 운정역 주변 단지들은 가성비 측면에서 접근해야 한다. 3기 신도시의 분양가와 일산테크노밸리 등에 좋은 일자리가 얼마나 들어오는지에 따라 투자 가치가 결정될 것이다. 현 시점에서 쉽게 권하기는 불투명한 부분이 많다.

다음은 GTX-C를 알아보자.

GTX-C를 GTX-A 다음으로 소개하는 이유는 역시 사업 진척속도 때문이다. 총 74.2km의 구간에 10개 정거장(수원~금정~과천~양재~삼성~청량리~광운대~창동~의정부~덕정)을 거치는 GTX-C는 총 4조 3,000억 원의 사업비가 투입되며 2018년 12월 예비타당성 조사를 통과했다. 2021년 착공, 2026년 개통이 목표인 GTX-C는 두 가지 측면에서 역세권으로 변모할 단지들의 상대적 수혜가 기대된다.

그 첫번째는 3기 신도시의 물량 여파를 대부분 피해간다는 점이다. GTX-A는 고양 창릉(3만 8,000호), GTX-B는 남양주 왕숙(6만 6,000호)을 거쳐 인근 역세권 단지들이 수급 부담을 피해갈 수 없지만

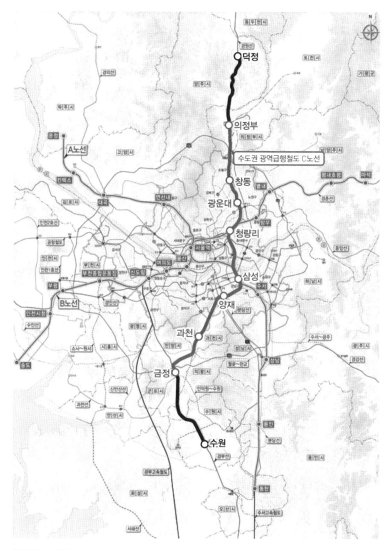

GTX-C 노선도 　　　　　　　　　　　　　　자료: 국토교통부

GTX-C는 3기 신도시 중에서 규모가 가장 작은 과천(7,000호)만 지나기 때문에 수급 부담에서 상대적으로 자유롭다.

둘째 유독 대규모 자본이 투입되는 역들을 많이 지나가는 노선이 GTX-C라는 점이다. 삼성역에는 많이 알고 있다시피 2019년 12월 착공해 지하 6층 연면적 16만 ㎡의 대규모 복합환승센터가 생긴다. 게다가 바로 옆에 국내 최고층의 현대차 GBC가 건립된다. 북쪽으로 올라가면 청량리역 주변에도 40~65층 높이의 고층 주상복합 및 호텔, 오피스 건물들이 대거 들어서면서 이전의 모습들을 일신하게 된다. 그뿐이 아니다. 광운대역 역시 역 앞 물류 기지를 개발하는데 HDC현대산업개발이 2조 6,000억 규모의 자금을 투입하여 49층 타워와 39층 주상복합 단지가 들어서는 개발사업을 추진할 예정이다. 마지막으로 창동역 주변에도 서울시가 중점적으로 추진하고 있는 창동·상계 문화산업단지가 조성될 예정으로 동북권에 취약했던 일자리 중심지를 육성하고자 한다. 이렇듯 대규모 자본이 투하되는 역을 많이 보유한 GTX-C는 개통 시 그 파급력이 만만치 않을 것이다. 이제 GTX-C가 개통되는 역 반경 500m에 위치하며 어느 정도 규모가 있는 단지들을 보자.

수원역

수원역은 서울 주요 업무지구와 접근성을 논하기에는 물리적인 거리가 멀다. 이런 곳에 GTX가 개통되어 주요 업무지구와의 접근

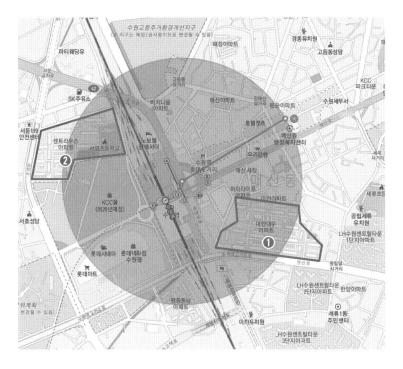

단위: 만 원

단지	세대수	입주연월	매매시세	전세시세	용적률
① 대한대우	1,293	1999. 02	38,000	25,500	202%
② 센트라우스	1,094	2005. 11	43,750	26,000	229%

※ 2019년 10월 18일 기준, 34평   자료: KB부동산

성이 획기적으로 개선된다면 주변 단지의 가치는 상승할 것이다. 그러나 기본적으로 거리가 멀기 때문에 강남 업무지구 출퇴근 인력을 끌어들일 만한 요소가 추가적으로 필요하다. 그 첫 번째가 신축, 두 번째가 주변 인프라다.

그런 관점에서 접근해보면 대한대우와 센트라우스는 입주한 지 각각 20년, 14년 된 애매한 연식의 단지라는 점에서 아쉽다. 그러나 주변 인프라는 상당히 훌륭하다. 1호선과 분당선 더블 역세권 단지이고 인근에 대형 롯데몰이 있으며 KCC몰도 입점할 예정이다. 특히 단지 바로 앞에 세워지는 KCC몰은 센트라우스의 생활 편의성을 더욱 강화시켜준다. KCC몰은 수원역 지하와 연결될 예정이므로 단지에서 KCC몰을 통해 수원역 지하로 바로 들어갈 수 있다. 대한대우도 수원역 접근성에서는 센트라우스보다 조금 앞서나 주변 정비가 덜 된 점은 약점이다. 용적률이 200%를 넘어가고 수원비행장이 인근에 있어 고도제한까지 있기 때문에 재건축을 바라보기에는 아쉬움이 있다.

금정역

힐스테이트 금정역은 1, 4호선에 이어 GTX 초역세권에 위치하는 신축 단지로 그 가치가 매우 기대되는 곳이다. 단지와 역을 바로 잇는 연결 다리(2층)가 생긴다. 또한 강남의 새로운 중심으로 떠오를 삼성역까지 14분 만에 주파할 수 있다. 이러한 점은 직주근접 가치가 비약적으로 향상될 단지라는 판단을 가능케 한다. 그러나 주변에 학교가 없다는 점, 주변 환경이 아직 정비되지 않은 점은 단점이다.

따라서 학령기 자녀가 없는 세대에 어필할 수 있으며, 주변 주거

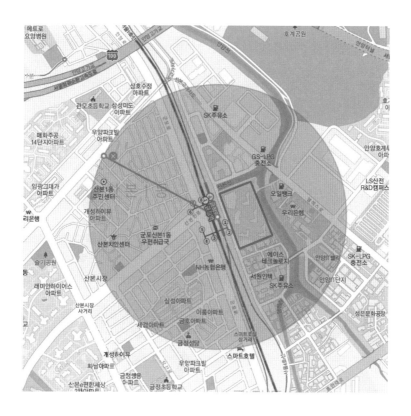

단지	세대수	입주연월	매매시세	전세시세	용적률
힐스테이트 금정역	843	2020. 03	-	-	-

지역의 재개발 진행 상황이 힐스테이트 금정역의 가치에 영향을 미칠 것으로 보이는 바, 주변 정비 상황을 보고 매수 여부를 결정하는 것이 좋겠다.

과천역

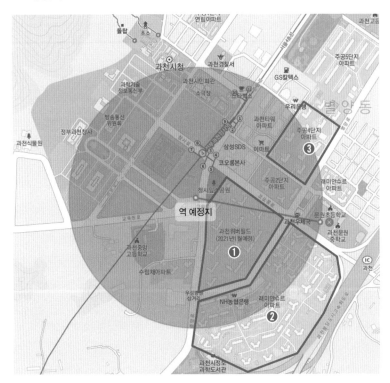

단위: 만 원

단지	세대수	입주연월	매매시세	전세시세	용적률
① 과천 위버필드	2,128	2021. 01	-	-	228%
② 래미안 슈르	2,899	2008. 08	122,500	84,500	196%
③ 주공4단지	1,110	1983. 05	114,250	48,000	160%

※ 2019년 10월 18일 기준, 34평(단, 주공 4단지는 28평)　　　　　　　　자료: KB부동산

과천은 그동안 실거주 가치가 매우 뛰어나고 유해한 환경이 없어 학령기 자녀들을 키우기에 적합한 곳이라는 평가를 받았다. 그동안의 약점들이 하나씩 해결되면서 주거 가치가 한 단계 더 도약할 곳으로 꼽힌다. 우선 정부청사 이전으로 약화된 자족 기능이 지식정보타운 조성으로 보강되고 GTX-C 개통으로 강남에 대한 접근성이 추가적으로 강화된다. 사실 과천에서 강남 업무지구로 가려면 지하철을 한 번 갈아타거나 자차로 이동해야 한다. 물리적 거리는 가깝지만 중간에 정체를 보이는 구간이 많아 빠른 이동이 가능하지 않았다. GTX-C 개통은 그러한 약점을 해소해줄 모멘텀이다.

추가적으로 과천에 호재가 있다면 과천 주암지구 토지보상금이다. 1조 원 수준의 토지보상금이 2019년 말부터 풀릴 예정인데 일부라도 과천 아파트 시장으로 유입될 경우 만만치 않은 호재로 작용한다.

의외의 호재가 하나 더 있다. 바로 분양가 상한제다. 과천은 알다시피 많은 단지들이 재건축 진행 중으로 분양이 꾸준히 있을 것으로 예상한다. 분양가 상한제가 시행되면 더욱 저렴한 분양가에 일반 분양 물량이 나오게 되므로 과천 청약 당해 1순위 획득을 위해 과천 실거주 수요가 늘어나게 될 것이다. 과천은 인구가 적어서 당해 1순위를 획득만 한다면 웬만한 단지 일반 분양에 당첨되는 데 어려움이 없기 때문이다. 이는 과천의 전세가 상승에 일조할 것으로 보인다.

GTX 과천역 역사는 Kwater 한강권역본부 앞 교육원 삼거리에 위치할 것으로 보인다. 이 경우 2021년 1월 입주 예정인 과천 위버필드는 GTX 초역세권이라는 입지를 자랑하게 된다. 과천 위버필드의 분양권 시세가 34평 기준 15억 내외인데 바로 옆에 연식으로 12년 차이가 있는 래미안 슈르와 3억 원 정도의 차이가 있다. 입지에서 과천 위버필드가 앞서고 신축인 점을 감안하면 3억 원 차이는 작은 감도 있다.

래미안 슈르도 GTX-C 개통의 호재를 누리게 될 것으로 보인다. 그러나 입주 12년차로 신축 프리미엄이 사라져가는 시점에서 주변 단지들이 신축으로 전환되고 있기 때문에 과천 내 단지 중에서 초과 상승을 거두기는 쉽지 않을 것이다.

과천 주공4단지는 1,503세대 규모의 과천 센트럴자이로 거듭날 예정이며 평당 공사비 493만 원으로 고급화를 꾀하고 있다. 2020년 착공, 2022년 12월 준공을 목표로 움직이고 있으며 4호선, GTX 더블 역세권에 이마트까지 단지 바로 앞에 있다. 재건축 초과이익 환수제에 분양가 상한제까지 적용될 수 있는 단지라는 점이 아쉽지만 완공 시 위버필드에 밀리지 않는 입지이기 때문에 위버필드의 시세와 비교해 저평가 여부를 판단하자.

청량리역

GTX 3개 노선 중 2개 노선이 다니는 곳은 서울역, 삼성역 그리고 청량리역이다. 그만큼 청량리역은 왕십리역을 대체해 서울 동북

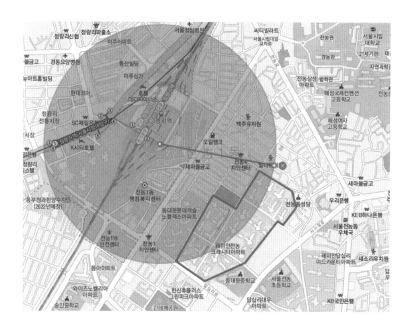

단위: 만 원

단지	세대수	입주연월	매매시세	전세시세	용적률
래미안 전농크레시티	2,397	2013. 04	108,000	54,000	236%

※ 2019년 10월 18일 기준, 34평   자료: KB부동산

권 교통망의 핵심지로 거듭날 것이다. 게다가 분당선까지 연장 개통된 상황에서 GTX-C까지 개통될 경우 삼성역까지 한 정거장 만에 갈 수 있어 그 주변 주거단지의 직주근접 가치가 비약적으로 상승할 것이다. 특히 2023년에 40~65층에 이르는 고층 주상복합이 연이어 완공되면서 일대의 스카이라인이 바뀔 예정이다. 이는 청량리에 대한 부정적인 인식을 해소하는 데 크게 기여할 것으로 보인

다. 천지개벽하는 몇 안 되는 곳 중 하나가 청량리다.

이런 전망에서 볼 때, GTX 역세권으로 거듭나는 래미안 전농크레시티는 그 수혜를 가장 크게 받을 단지다. 동대문 롯데캐슬 노블레스가 래미안 전농크레시티보다 역에 더 가깝지만 584세대에 불과한 단지 규모로 인해 2,000세대가 넘는 래미안 전농크레시티가 상대적으로 수혜를 더 받을 것으로 판단된다. 전농답십리 뉴타운의 중심인 래미안 전농크레시티는 초등학교(전농초), 중학교(동대문중)도 인근에 위치하고 있는 데다 걸어갈 수 있는 거리에 백화점과 대형마트도 있어 생활 편의성도 좋다. 청량리라는 브랜드 가치가 올라가면서 래미안 전농크레시티의 가치는 더욱 큰 상승을 앞두고 있다.

광운대역

미성, 미륭, 삼호3차는 몇몇 부동산 카페에서는 '미미삼'이라는 약칭으로 불리는 대형 단지다. 한강 이북에서는 성산시영과 더불어 가장 많은 관심을 받는 재건축 대장주라고 할 수 있다. 일단 세 단지를 합치면 3,930세대나 되는데 용적률이 131%에 불과하므로 재건축이 완료되면 5,000세대가 넘는 대규모 신축 랜드마크로 거듭날 잠재력이 있다. 특히 미성, 미륭, 삼호3차 앞에 위치한 광운대역 물류 기지를 개발해 최고 49층 랜드마크 타워와 최고 39층 주상복합 단지를 짓는 광운대 역세권 개발사업이 추진 중이다. 2017년 말 HDC현대산업개발이 개발사업자로 지정된 후 서울시와 코레일이

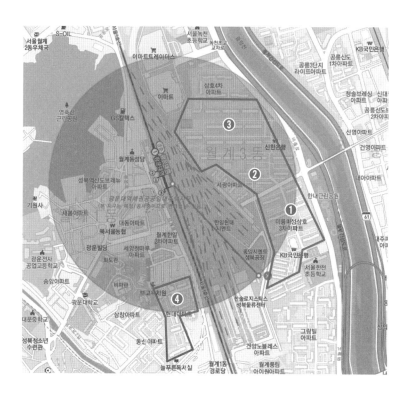

단위: 만 원

단지	세대수	입주연월	매매시세	전세시세	용적률
① 미성	1,620	1986. 04	49,570	16,000	
② 미륭	1,050	1986. 04	51,250	15,500	131%
③ 삼호3차	1,260	1986. 06	59,000	19,000	
④ 현대	1,281	2000. 11	46,000	26,000	321%

※ 2019년 10월 18일 기준, 미성 20평, 미륭 21평, 삼호2차 23평, 현대 25평　　　　자료: KB부동산

2019년 하반기까지 협상을 마무리하고 2021년 착공을 추진할 계획이다. 주민 혐오시설인 물류 기지가 이전되고 그 자리에 새로운 상업, 문화 시설이 들어올 경우 미성, 미륭, 삼호3차에는 큰 호재가 될 것이다.

한 가지 아쉬운 점이 있다. 미성, 미륭, 삼호3차가 2018년 기준이 강화되기 전에 안전진단을 통과하지 못해 재건축 연한에 도달했음에도 불구하고 재건축이 언제 될지 가늠하기 힘든 점이다. 따라서 미성, 미륭, 삼호3차는 4억 내외의 자금을 장기간 묻어둬도 되는 사람이 접근하기에 안성맞춤이다. 이미 재건축 준비 모임이 구성되어 있기 때문에 언젠가는 신축 랜드마크로 보답 받을 수 있을 것이다. 주변 호재(광운대 역세권 개발사업)가 워낙 굵직하기 때문에 지속적인 관심이 필요한 단지다.

현대도 광운대 역세권 개발사업의 호재를 누릴 단지로 꼽히나 인근에 장위뉴타운 신축 아파트가 잇따라 입주할 예정으로 주택 수요가 분산될 것으로 보인다.

창동역

창동역은 GTX-C 개통 외에 또 하나의 호재가 있다. 바로 서울시가 강북지역 균형 발전 차원에서 조성하고 있는 창동·상계 문화산업단지다.

서울시는 2019년 9월 착공, 2023년 5월 완공을 목표로 하고 있

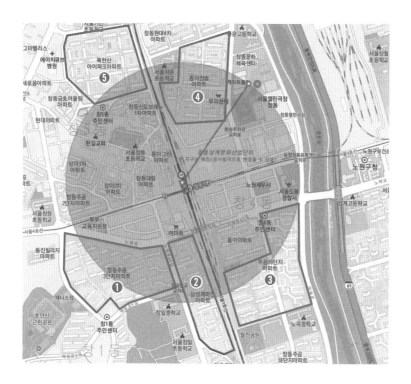

단위: 만 원

단지	세대수	입주연월	매매시세	전세시세	용적률
① 창동 주공3단지	2,856	1990. 09	54,000	26,000	176%
② 삼성래미안	1,668	1992. 07	62,500	33,000	250%
③ 창동 주공19단지	1,764	1988. 11	61,500	25,500	164%
④ 동아청솔	1,981	1997. 03	74,000	35,000	249%
⑤ 북한산 아이파크	2,061	2004. 07	70,000	42,000	335%

※ 2019년 10월 18일 기준, 34평

자료: KB부동산

다. 사업비 6,555억 원을 투입해 49층과 16층 건물 2개 동을 연결하는 형태로 지어지며 창업·창작 레지던스, 문화 관련 오피스, 창업 준비 공간 등으로 구성할 예정이다. 그 외에도 서울 아레나(2024년 1월 개장 예정), 창동차량기지 이전을 통한 스마트 산업단지 조성 등 동북권 일자리 중심지로 집중 육성하려는 방침을 갖고 있다.

GTX-C 개통 시점에 앞서 언급된 호재들이 하나씩 현실화될 경우 시세 상방 압력은 상당할 것이다. 특히 언급된 단지들 중 북한산 아이파크를 제외한 나머지 4개 단지들은 모두 재건축 연한에 도달하거나 근접한 상황이다. 그중에서도 용적률에서 경쟁력 있는 창동 주공19단지를 최우선으로 추천한다.

창동 주공19단지는 창동역 자체 및 주변 호재의 수혜를 입을 뿐 아니라 중랑천을 끼고 있어 쾌적하다는 장점도 있다. 이미 연한에 도달한 재건축 측면에서 접근해도 35평의 대지지분이 20평에 육박하는 수준이기 때문에 사업성도 좋다. 사실상 가장 큰 약점이 직주 근접이라고 볼 수 있는데 이 부분도 창동·상계 문화산업단지 조성으로 보완되고 GTX 개통으로 주요 업무지구까지 접근성이 개선되면 약점이 크게 해소될 것으로 보인다. 게다가 상대적으로 주변 주공단지들에 비해 소형 평수가 적다는 것도 재건축을 추진하는 데 있어 나쁘지 않은 조건이다.

창동 주공3단지도 19단지와 더불어 재건축이 기대되나, 19단지에 비해 다소 낮은 매매 시세를 기록하고 있다. 다양한 평형(소형 위주)에 따른 이해관계의 충돌 가능성, 대지지분과 용적률의 소폭 열세 등이 그 이유로 추정된다. 그러나 단지 주변에 큰 규모의 공원이 2개나 있고 이마트도 단지 바로 앞에 있는 등 실거주 가치가 우수하여 19단지와 동등한 수준의 전세 시세를 보인다.

삼성래미안도 창동 주공3단지와 유사한 조건의 입지를 자랑하고 있으나 한 가지 다른 점은 재건축 가능성이 떨어진다는 것이다. 따라서 현재는 창동 주공3단지에 비해 높은 매매, 전세 시세를 기록 중이나 점차 그 우위 수준이 약해질 것으로 보인다.

동아청솔과 북한산 아이파크는 창동의 대장주 아파트다. 원래는 상대적으로 신축인 북한산 아이파크가 더 인기를 끌었다. 그러나 창동역 개발 호재로 인해 현재는 창동역에 가까운 동아청솔이 치고 올라온 상황이다. 동아청솔은 단지 바로 앞에 창동·상계 문화산업단지가 조성되므로 창동·상계 신경제 중심 사업의 직접 수혜를 입을 단지로 꼽힌다. 입주 22년차에 재건축을 바라보기 힘든 용적률(249%)로 인해 인근 단지의 재건축 진행과 더불어 서서히 대장주 자리를 내놓을 단지이기도 하다. 그러나 단지 바로 앞에 직주근접 측면에서 호재인 사업들이 계속 펼쳐지므로 일정 수준의 주거 수요 및 하방 경직성은 확보될 것이다.

덕정역

지도상으로 볼 때 덕정역에서 삼성역까지 물리적 거리는 상당하다. GTX-C 개통으로 강남 주요 업무지구까지 80분 이상 걸리

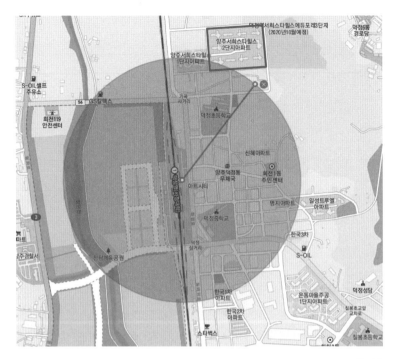

단위: 만 원

단지	세대수	입주연월	매매시세	전세시세	용적률
양주서희스타힐스 2단지	821	2014. 05	27,500	19,250	222%

※2019년 10월 18일 기준, 34평

자료: KB부동산

던 것이 23분으로 획기적으로 단축되는 것은 큰 호재다. 문제는 강남 주요 업무지구 근무자가 덕정역으로까지 눈길을 돌리기에는 물리적 거리가 너무 멀다는 점이다. 따라서 나는 덕정역 역세권 단지들이 GTX 개통의 호재를 제대로 누리려면, 덕정역에서 각각 두세 정거장 만에 도달할 수 있는 창동역, 광운대역의 일자리가 보다 확충되어야 할 것으로 본다. 창동·상계 문화산업단지, 광운대 역세권 개발사업의 진척 여부가 덕정역 역세권 단지들의 가치 향상에 영향을 준다는 이야기다. 조금 다르게 말하면, 창동역, 광운대역 역세권 단지에 투자하기에 여력이 다소 부족한 경우에는 덕정역 역세권 단지가 좋은 대안이 될 수 있으며, 특히 덕정역 반경 500m에 턱걸이 하듯 걸치는 양주서희스타힐스 2단지를 추천한다. GTX의 개통이 직주근접 강화 측면에서 해당 단지에 호재가 되는 것이기 때문에, GTX로 빠르게 접근할 수 있는 창동역, 광운대역 주변의 일자리 확충 여부는 그런 의미에서 중요하다.

GTX-B를 GTX 시리즈의 마지막으로 알아보자. 총 80.1km의 구간에 13개 정거장(송도~인천시청~부평~부천종합운동장~신도림~여의도~용산~서울역~청량리~망우~별내~평내호평~마석)을 거치는 GTX-B는 총 5조 9,000억 원의 사업비가 투입되며 2019년 8월 예비타당성 조사를 통과했다. 알파벳 순이 아니라 A, C, B 순으로 언급한 이유는 B노선의 사업 진행이 가장 더디게 이뤄지고 있기 때문이다. 투자 우선순위는 가장 뒤로 밀릴 수밖에 없으며 역세권 단지들도 간략하게 살펴볼 예정이다.

국토교통부는 이르면 2022년 말 착공을 목표로 하고 있으나 어디까지나 목표일 뿐 실제는 이보다 지연될 수 있다. 2020년대 안의 완공도 불투명하다는 사실을 염두에 둬야 한다. 또한 3기 신도시 중 가장 규모가 큰 남양주 왕숙을 지난다는 점도 다른 노선에 비해 물

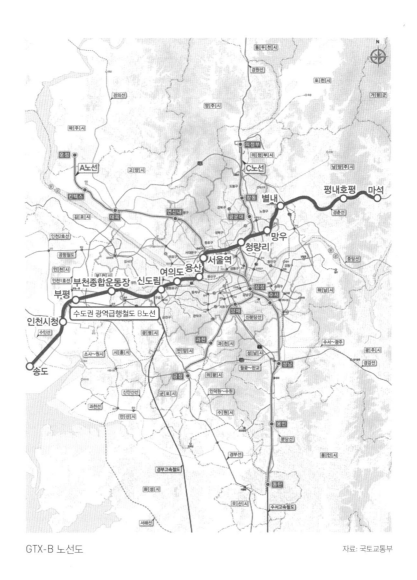

GTX-B 노선도

량 부담 측면에서 불리하다. 단, 용산-여의도 통합개발이 가시화될 경우 중장기적으로는 접근해볼 만하다.

참고로 송도역은 아직 역사 위치가 확정된 바가 없기 때문에 역세권 단지 추천이 불가한 상황이다.

인천시청역

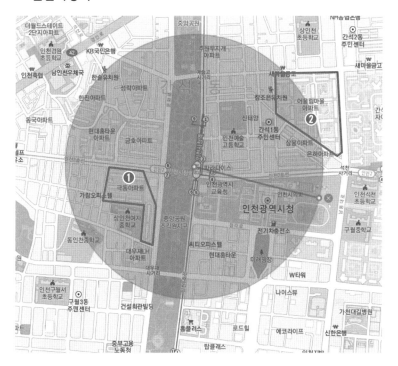

단위: 만 원

단지	세대수	입주연월	매매시세	전세시세	용적률
① 극동	760	1989. 05	28,500	20,500	193%
② 어울림마을	1,733	2005. 10	35,000	27,250	350%

※ 2019년 10월 18일 기준, 34평　　　　　　　　　　　　　　　　　자료: KB부동산

GTX-B 노선의 경우 기본적으로 서남쪽 역들은 여의도와 용산의 주거 수요 분산을 노린 것이고 동북쪽 역들은 청량리와 서울역주변의 주거 수요 분산을 노린 것이다. 해당 지역 직장인들의 주거 수요를 유인하려면 교통망 개선 외에도 구미가 당길 만한 다른 요소도 있어야 한다. 바로 신축 또는 신축이 될 수 있는 단지다.

그런 관점에서 봤을 때, 일정 규모 이상이 되는 인천시청역 역세권 단지 중 어울림마을은 대단지이기는 하나 이미 용적률이 350%에 이르러 신축이 될 가능성이 낮기 때문에 추천 단지로 삼기 어렵다. 극동은 30년 된 아파트인 데다 인천1호선, 인천2호선에 이어 GTX-B까지 개통될 경우 트리플 역세권이 되기 때문에 상대적으로 유망한 단지라고 판단할 수 있다. 단, 극동의 용적률도 193%로 사업성이 나오기 쉽지 않은 수준이므로 GTX 개통과 더불어 재건축 또는 리모델링 사업 진행 여부를 확인하고 들어가도 늦지 않다.

부평역

GTX-B 노선이 지나가는 서울 서쪽에서 부평 동아1단지만 한 역세권 대단지는 없다. 게다가 입주한 지 33년째라 재건축에 대한 이야기가 나올 수 있다. 그만큼 GTX-B 역세권 단지를 노리는 사람이라면 눈여겨볼 수밖에 없다. 초등학교(부평서초)와 중학교(부원중)를 품에 안고 있고 모다백화점(구 롯데백화점 부평점)과 공원(부영공원, 부평공원)을 끼고 있는 등 실거주 가치도 우수하다. 매매 시세와 전세 시세

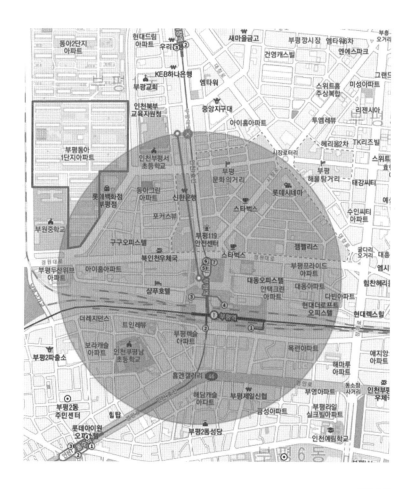

단위: 만 원

단지	세대수	입주연월	매매시세	전세시세	용적률
부평 동아1단지	2,475	1986. 09	38,000	26,000	182%

※2019년 10월 18일 기준, 34평

자료: KB부동산

간 차이가 1억 내외에 불과하다는 사실이 이러한 점을 방증한다.

물론 인천에서 재건축이 진행된 단지가 사실상 없다시피 한 점, 용적률도 182%로 낮지 않다는 점은 부평 동아1단지가 신축이 될 가능성을 희박하게 만든다. 그러나 입지가 인천 내에서 우수한 편이고 GTX-B까지 개통될 경우 재건축 사업도 탄력을 받을 수 있어 지속적인 관심이 필요하다. 주변 미군기지 이전 여부도 확인해야 하는 사항이다.

신도림역

사실 GTX-B 역세권 대단지들을 보면 용적률이 높아 신축으로 거듭날 여지가 부족한 경우가 대부분이다. 신도림역 주변 역세권에서 어느 정도 규모가 있는 단지라고 볼 수 있는 신도림 태영타운과 신도림 4차e편한세상도 마찬가지다. 신도림 태영타운과 신도림 4차e편한세상은 각각 초등학교(미래초)와 중학교(신도림중)를 품에 안고 있고 현대백화점(디큐브시티점), 테크노마트 등 대형 쇼핑시설이 인근에 위치하고 있어 생활 편의성도 뛰어나다. 1, 2호선 역세권에 도림천이 가까이 있는 것은 덤이다.

그러나 실거주 가치는 우수한 반면 입주한 지 16~19년 된 단지인 데다 용적률도 각각 317%, 250%에 이르러 재건축을 바라보기 어려운 상황임을 감안할 때 다른 지역 대비 초과상승은 힘들어 보인다. 또한 신도림역은 2호선으로 구로디지털단지까지 빠른 이동

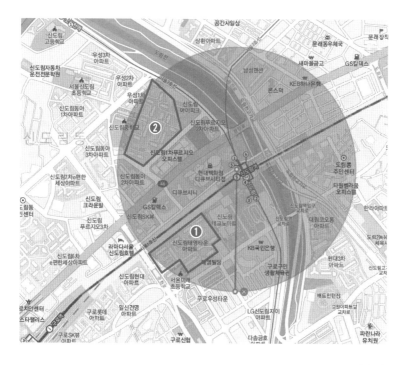

단위: 만 원

단지	세대수	입주연월	매매시세	전세시세	용적률
① 신도림 태영타운	1,252	2000. 12	80,000	48,000	317%
② 신도림 4차e편한세상	853	2003. 05	109,000	65,500	250%

※ 2019년 10월 18일 기준, 34평   자료: KB부동산

이 가능하고, 여의도와 용산에 대한 접근성도 이미 좋은 상태이기 때문에 GTX-B 개통으로 얻는 메리트가 다른 역에 비해 떨어진다. 즉, 더블 역세권이라는 이점이 이미 현재 가격에 녹아들어 있기 때문에 GTX 개통의 메리트가 아무래도 다른 역들보다 떨어진다.

평내호평역

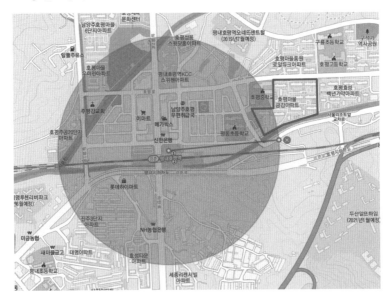

단위: 만 원

단지	세대수	입주연월	매매시세	전세시세	용적률
호평마을 금강	892	2004. 10	32,000	26,000	216%

※2019년 10월 18일 기준, 34평 　　　　　　　　　　　　　　　　자료: KB부동산

평내호평역 역시 GTX-B가 개통된다 해도 서울역, 용산의 직장인 주거 수요를 끌어내려면 신축 또는 신축 가능성이 있는 단지들이 있어야 한다. 어느 정도 규모가 되면서 반경 500m 안에 위치하는 유일한 단지인 호평마을 금강은 입주한 지 15년 된 아파트다. 용적률도 높은 편(216%)이라 재건축을 하기에 녹록치 않은 여건을 가

지고 있다. 물론 호평마을 금강은 평내호평역 주변에서 분명한 우위 요소가 있다. 엘리베이터가 지하 주차장과 연결되어 있고 상업시설 역시 가까운 데다 적당한 규모의 평지라는 점이 바로 그것이다. 실거주 가치가 괜찮기 때문에 매매 시세와 전세 시세 간 차이가 별로 나지 않는다.

그러나 치명적인 단점은 3기 신도시 중 가장 큰 남양주 왕숙지구(6만 6,000호)가 인근에 생긴다는 점이다. 남양주 왕숙지구 개발이 GTX-B의 예비타당성 조사 통과에 기여한 바는 있으나 서울과 가까운 곳에 대규모 신도시가 생기기 때문에 호평마을 금강이 갖고 있는 이점도 상당 부분 퇴색할 가능성이 높다.

마지막으로 신안산선을 알아보도록 하자. 신안산선도 안산, 시흥에서 출발하여 광명을 거쳐 3대 업무지구 중 하나인 여의도로 연결된다는 점에서 대단히 매력적인 노선이다. 개통 시 시흥시청에서 여의도까지 이동시간이 53분에서 22분으로, 한양대 에리카 캠퍼스에서 여의도까지 이동시간이 100분에서 25분으로(급행 기준) 단축된다. 2019년 9월 착공, 2024년 개통을 목표로 하고 있어 GTX-A와 비슷한 시기의 완공이 점쳐진다. 총 50.4km의 구간에 19개 정거장(한양대~호수~중앙~성포~목감~광명~석수~시흥사거리~독산~구로디지털단지~대림삼거리~신풍~신도림사거리~영등포~여의도~공덕~서울역, 단 시흥시청~매화~광명은 별도)을 거치는 신안산선은 총 4조 원의 사업비가 투입되는 대형 사업이다.

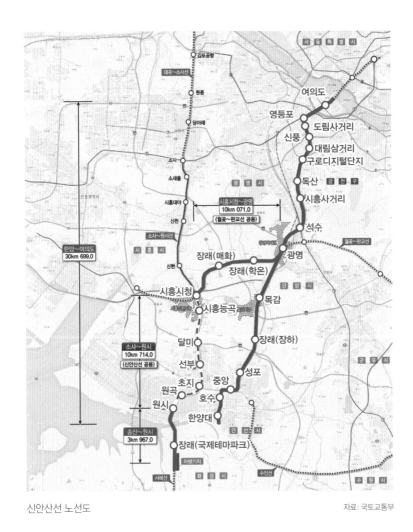

신안산선 노선도

부동산114에 따르면 서울의 대표 부촌인 강남구의 연 소득 상위 5%와 10%는 각각 1억 900만 원, 7,700만 원으로 나타난 반면, 여의도의 연 소득 상위 5%와 10%는 1억 1,260만 원, 8,400만 원으로 강남보다 각각 +3.3%, +9.1% 높은 것으로 조사되었다. 평균 소득 역시 신한은행이 2018년 4월 발표한 서울시 생활금융지도·소득편에 따르면 영등포구 직장인 월급은 평균 320만 원으로 종로구 355만 원, 중구 325만 원에 이어 3위를 기록했다. 주요 업무지구별 비교에서도 여의도는 391만 원으로 광화문 457만 원 다음으로 높았으며 강남 311만 원에 비해서 월등히 높은 월 소득을 기록했다. 주요 금융사와 방송사뿐 아니라 LG, 한화 등 대기업도 자리 잡은 업무지구이기 때문에 고소득자도 다른 곳보다 많다고 풀이할 수 있다. 그런 측면에서 볼 때 여의도로 접근성 개선 효과를 불러일으키는 신안산선은 매우 매력적이다. 특히 여의도 자체의 재건축이 안전진단 강화 등 정부의 각종 규제로 상당 기간 지연될 수 있기 때문에 신안산선 역세권 중에서도 고소득자들을 끌어들일 만한 매력이 있는 단지, 즉 신축 또는 신축으로 거듭날 수 있는 단지들의 미래가치는 더욱 기대된다.

한양대역

신안산선 한양대역은 역사 위치가 확정된 것은 아니나 사리사거리에 생길 것이라는 의견이 중론인 바, 이를 전제로 하고 내용을 시작하고자 한다. 사리사거리에 역사가 위치할 경우, 가장 큰 수혜를 입게 되는 단지는 지도상에서도 쉽게 확인할 수 있듯이 안산 고잔 푸르지오 6차다.

역 예정지

단위: 만 원

단지	세대수	입주연월	매매시세	전세시세	용적률
안산 고잔푸르지오6차	1,790	2005. 07	32,250	28,000	199%

※2019년 10월 18일 기준, 34평   자료: KB부동산

초등학교(안산해양초)와 중학교(안산해양중)를 품에 안고 있고 길 건너에 안산호수공원까지 있어 쾌적한 환경을 자랑하는 안산 고잔푸르지오 6차는 입주 14년차다. 용적률은 199%로 재건축을 바라보기는 힘들지만 전세가율이 87%에 이를 만큼 수요가 높은 곳이다.

남쪽에 대방 노블랜드 2, 3차(1,298세대, 2019년 8월)가 입주했고 이어서 금강펜테리움 센트럴파크(692세대, 2019년 10월), 그랑시티 자이 1차(3,768세대, 2020년 2월), 그랑시티 자이 2차(2,872세대, 2020년 10월) 등이 잇따라 입주할 예정으로 안산 고잔푸르지오 6차의 매매, 전세가에 하방 압력을 가할 것으로 보인다. 그러나 이를 기회로 삼아야 한다. 2019~2020년에 집중적으로 입주하는 신축으로 매매가가 출렁거리는 상황을 기회 삼아 급매 위주로 저가 매수에 성공한다면 5년 후 신안산선 개통 시 초과 상승을 누릴 수 있다. 위기를 기회 삼는 지혜와 결단력이 필요하다.

호수역

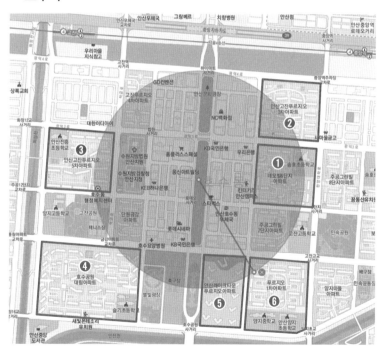

단지	세대수	입주연월	매매시세	전세시세	용적률
① 네오빌6단지	1,043	2000. 05	30,000	25,000	165%
② 안산 고잔푸르지오3차	1,134	2003. 04	42,000	30,000	199%
③ 안산 고잔푸르지오5차	1,113	2003. 05	35,750	28,000	168%
④ 호수공원 대림	2,073	2001. 12	32,500	24,500	191%
⑤ 안산 레이크타운푸르지오	1,569	2016. 02	51,000	39,000	319%
⑥ 푸르지오1차	1,008	2001. 04	33,350	27,000	185%

※ 2019년 10월 18일 기준, 34평 　　　　　　　　　　　　　　　　　　자료: KB부동산

　　신안산선 호수역은 안산 문화광장 지하에 위치할 예정이다. 주변에 자리 잡은 많은 아파트 단지들이 수혜를 보게 된다. 그중에서도 안산 레이크타운푸르지오는 신안산선 완공(2024년 예정) 후에도 입주 8년차의 비교적 신축이라는 상품 가치를 유지하여 더욱 각광 받을 것이다. 단지 바로 앞에 단지와 비슷한 크기의 공원(별빛광장)이 있고 안산천을 건너면 광활한 호수공원이 자리하며 안산 문화광장과도 붙어있어 최고의 생활환경을 자랑한다.

　　안산 레이크타운푸르지오 외에도 1,000세대가 넘는 호수역 역세권 대단지는 5개나 되는데 모두 입주한 지 16~19년 정도 된 구축 아파트다. 게다가 재건축 사업성이 떨어지는 용적률(165~199%)이라서 신축의 가치를 유지하는 안산 레이크타운푸르지오와의 격차는 더욱 벌어질 것이다. 단, 멀지 않은 위치에 그랑시티자이 5,600세대가 2020년 잇따라 입주하면서 일대의 구축 아파트 매매가, 전세가

가 출렁일 것으로 보인다. 이때 과매도 국면에 들어선다고 생각되면 매수를 고려해볼 만 하다. 신안산선의 개통이 분명한 호재이기 때문이다.

중앙역

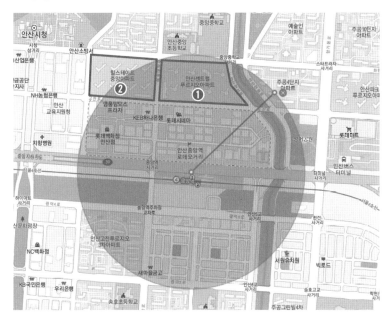

단위: 만 원

단지	세대수	입주연월	매매시세	전세시세	용적률
① 안산 센트럴푸르지오	990	2018. 04	54,000	38,500	245%
② 힐스테이트중앙	1,152	2018. 11	56,000	38,000	267%

※ 2019년 10월 18일 기준, 34평   자료: KB부동산

신안산선 중앙역에서 여의도까지 급행 기준 22분 만에 도착할 수 있어 여의도 출퇴근에 상당한 경쟁력을 갖게 되는 곳이 중앙역 역세권 대단지. 여의도 직장인들의 주거 수요를 끌어들이기에는 물리적인 거리가 너무 멀다는 지적도 있으나, 중앙역 역세권 대단지의 강점이 하나 있다. 바로 신축이다. 2024년에 신안산선이 개통되어도 안산 센트럴푸르지오와 힐스테이트중앙은 입주한 지 6년차다. 새로운 철도망 개통으로 창출되는 주거 수요를 끌어들이기에 충분한 매력이 있다. 역세권인 만큼 인근 인프라도 충실하다. 롯데백화점, 롯데시네마, 롯데마트 등이 주변에 있어 실거주 가치가 뛰어나다. 대로를 건너면 곧바로 초등학교(중앙초)와 중학교(중앙중)가 있다는 점도 학령기 자녀가 있는 세대의 주거 수요 확보에 유리하다.

성포역

신안산선 성포역은 다이아몬드 형태의 월피공원에 세워질 예정이다. 그 주변을 많은 아파트 단지들이 둘러싸고 있어 역세권 단지 수가 크게 늘어난다. 이 단지들의 매매가와 전세가 사이 갭이 5,000만~7,000만 원 수준이라서 소액 자금으로 매매할 수 있다는 장점이 있다. 그러나 상대적으로 매매가가 낮은 데에는 그만한 이유, 즉 아직 교통이 불편하고 노후화가 진행되고 있다는 단점이 있다.

반대로 말하면, 교통망이 개선되고(신안산선 개통) 단지가 신축으로 바뀔 경우(재건축), 가치의 재평가가 이뤄진다는 뜻으로도 연결된다.

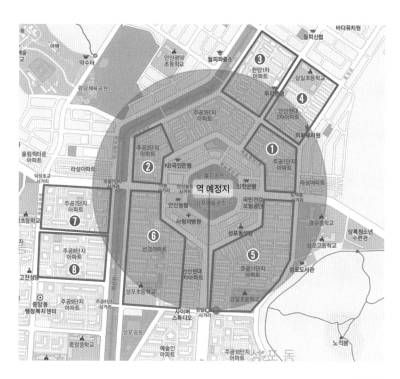

단위: 만 원

단지	세대수	입주연월	매매시세	전세시세	용적률
① 월피주공1단지	860	1993. 05	16,250	11,000	130%
② 월피주공2단지	870	1994. 06	16,500	11,000	90%
③ 한양1차	1,362	1990. 02	23,333	17,500	-
④ 안산 현대2차	770	1989. 07	24,000	18,750	171%
⑤ 성포주공11단지	1,975	1994. 11	21,000	15,750	150%
⑥ 성포선경	1,768	1990. 12	27,750	20,500	217%
⑦ 중앙주공 7단지	1,020	1987. 06	22,000	15,000	169%
⑧ 중앙주공 8단지	1,020	1987. 06	23,000	15,750	178%

※ 2019년 10월 18일 기준, 월피주공1 20평, 월피주공2 20평, 한양1차 34평, 안산 현대2차 34평, 성포주공11 고층 24평,
성포선경 34평, 중앙주공7 28평, 중앙주공8 28평   자료: KB부동산

그런 측면에서 봤을 때, 신안산선 개통은 확정적인 미래이므로 신축으로 바뀔 가능성이 있는 단지로 투자 대상을 좁혀야 한다. 용적률로 판단해보면 월피주공 1, 2단지와 성포주공 11단지가 가장 눈길을 끈다. 당장은 재건축 연한까지도 4~5년이 남아있지만 2024년 신안산선 개통과 재건축 연한이 함께 다가옴에 따라 탄력 받을 가능성도 높게 점쳐진다. 매매가와 전세가의 갭이 상대적으로 작기 때문에 소액 자금을 묻어놓고 가기에 적당해보인다. 긴 관점에서의 접근이 바람직하다.

목감역

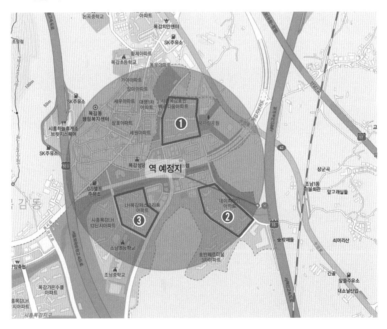

단지	세대수	입주연월	매매시세	전세시세	용적률
① 시흥목감 호반베르디움 더프라임	580	2017. 02	53,500	28,000	185%
② 네이처하임	592	2016. 07	47,500	27,000	185%
③ LH목감퍼스트리움	625	2015. 08	37,500	22,000	-

※2019년 10월 18일 기준, 34평(단, 목감퍼스트리움 25평)　　　　　　　　　자료: KB부동산

　　신안산선 목감역 역세권 단지 중에는 일정 규모 이상의 대단지가 없다. 목감역을 감싸듯이 자리 잡은 3개 단지는 모두 500~600세대 정도의 중규모 수준이다. 그래서 새로운 철도망이 개통되지만 추천 단지로 삼을까 고심했던 곳이기도 하다. 그러나 굳이 대단지도 아닌 곳들을 추천 단지로 꼽게 된 데는 다른 이유가 있다.

　　시흥목감 호반베르디움 더프라임, 네이처하임, LH목감퍼스트리움은 모두 입주한 지 5년 이내의 신축들임에도 불구하고 매매 시세는 안산의 신축 단지들보다 낮다. 가장 결정적인 이유는 안산 신축 단지들의 경우 지하철 4호선이 근방에 있어 철도망 인프라가 있는 반면, 이들 3개 단지 주변은 철도망 인프라가 아예 없기 때문이다. 이런 철도망 불모지인 곳에 새로운 철도망(신안산선)이 개통될 경우 이 단지들의 가치는 안산의 신축 단지들을 위협 내지 능가할 수 있다. 없다가 생기는 데 따른 기저효과라고도 볼 수 있다. 광명역과 목감역 사이의 광명시흥 테크노밸리 산업단지 조성도 직주근접 강화라는 점에서 긍정적인 요소다.

광명역

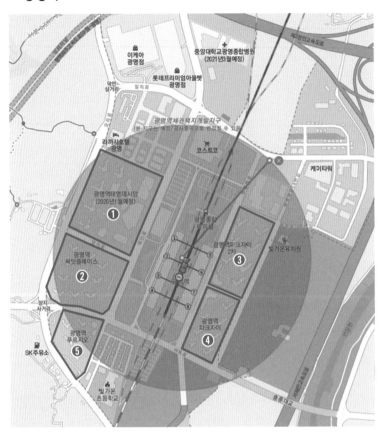

단위: 만 원

단지	세대수	입주연월	매매시세	전세시세	용적률
① 광명역 태영데시앙	1,500	2020. 01	-	-	-
② 광명역 써밋플레이스	1,430	2018. 02	96,500	44,000	350%
③ 광명역 센트럴자이	1,005	2018. 12	-	-	350%
④ 광명역 파크자이	875	2017. 07	98,000	44,000	350%
⑤ 광명역 푸르지오	640	2017. 08	103,250	37,000	322%

※ 광명역 주변 5개 단지 시세 KB부동산 미제공으로 국토부 최근 실거래가(34평)로 기재

광명역은 기존 1호선 및 KTX에 이어 신안산선까지 개통되는 트리플 역세권이다. 서울 동남권 인근에서 동판교가 위세를 떨치는 것처럼 서울 서남권 인근에서 광명역 주변이 동판교와 같은 위상을 자랑할 가능성이 커지고 있다. 동판교와 광명역의 공통점은 첫째 서울 주요 업무지구와의 접근성이 개선되는 새로운 철도망(신안산선)의 확충, 둘째 2조 4,000억 원을 투입해 2022년 조성을 목표로 진행 중인 광명시흥 테크노밸리의 존재, 셋째 광명역 주변 단지들이 모두 신축으로 탈바꿈하는 것이다. 특히 이러한 호재들이 만발하나 반경 500m 이하의 역세권 단지 규모가 6,000세대도 되지 않는다. 이는 물량 부담 측면에서 큰 장점이다. 이미 코스트코, 이케아, 롯데아울렛이 입점해 훌륭한 생활 편의성이 갖춰져 있는 것은 덤이다.

또 한 가지 광명역 주변 단지들의 호재는 바로 앞에서 언급한 광명시흥 테크노밸리의 조성계획이다. 비단 직주근접이라는 입지적 호재 외에도 산업단지 조성으로 2019년 말부터 풀리게 되는 1조 원 수준의 토지보상금을 무시할 수 없다. 토지보상금은 대부분 인근 지역 부동산으로 유입되는 경향이 강하고 광명역 주변 단지들이 모두 매력 있는 신축 단지들로 구성되어 있기 때문에 토지보상금이라는 새로운 유동성이 이 단지들로 흘러들어올 것이다. 이래저래 광명역 주변 단지들은 서울 서남권 인근의 대장주로 거듭날 잠재력이 충분한 곳이다.

석수역

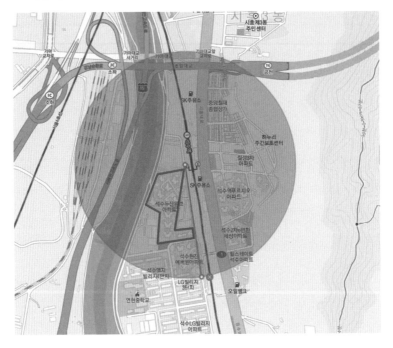

단위: 만 원

단지	세대수	입주연월	매매시세	전세시세	용적률
석수 두산위브	742	2010. 09	66,000	38,000	229%

※2019년 10월 18일 기준, 34평   자료: KB부동산

　　신안산선 석수역 역세권 단지중 비교적 연식이 신축에 가깝고
규모가 큰 단지는 석수 두산위브다. 석수역도 신안산선 급행역으
로 여의도까지 매우 빠른 접근이 가능하다. 석수 두산위브와 광명
역 역세권 신축 단지들과는 1억 5,000만~2억 원 정도의 갭이 있다.

그런데 광명역 주변 신축 단지들이 탄력을 받아 상승세를 이어갈 경우 석수 두산위브도 광명역보다 서울에 가깝기 때문에 갭 메우기로 뒤따라갈 가능성이 크다. 단, 신안산선이 개통될 즈음에는 입주한 지 14년 된 구축 아파트로 교통망 확충의 호재를 충분히 흡수하지 못하는 점이 아쉽다.

시흥사거리역

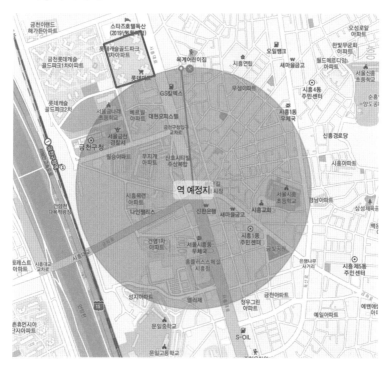

단위: 만 원

단지	세대수	입주연월	매매시세	전세시세	용적률
롯데캐슬 골드파크3차	1,236	2018. 10	83,500	54,500	500%

※2019년 10월 18일 기준, 34평   자료: KB부동산

롯데캐슬 골드파크3차는 46층 높이의 고층 아파트로서 그 자체만으로 금천구의 랜드마크 단지라 불릴만하다. 주변 골드파크 1,2차까지 합쳐 3,200여 세대로 대단지의 효과를 누리는 데다 초등학교를 품에 안고 있고 아파트에서 내려오면 바로 롯데마트로 갈 수 있는 등 실거주 가치가 무척 뛰어나다. 금나래 초등학교 앞에는 수영장 등 다목적 문화체육시설도 들어선다. 게다가 금천구에 당분간 신축 예정 단지가 없어 신축 프리미엄을 오래 가져갈 수 있다는 점은 신안산선 역세권 단지 중에서도 비교우위를 가져갈 만한 요소다. 중고등학교가 멀고 학군이 약한 점은 아쉽다. 그러나 서울 내 평지로 구성된 역세권 신축 대단지가 흔치 않다는 점은 롯데캐슬 골드파크3차의 밝은 미래를 점치게 한다.

구로디지털단지역

구로디지털단지역을 지나다보면 매우 낡은 아파트를 볼 수 있었다. 1974년에 준공된 강남아파트다. 겉으로 보기에도 건물이 매우 노후화되어 붕괴 위험마저 느껴지던 강남아파트가 재건축 후 신림

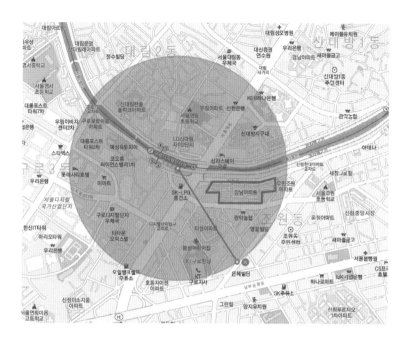

단지	세대수	입주연월	매매시세	전세시세	용적률
신림 힐스테이트	1,143	2022. 06	-	-	-

힐스테이트로 거듭난다.

2호선에 이어 신안산선 더블 역세권 단지가 되는 신림 힐스테이트는 신안산선을 통해 여의도역까지 10분, 2호선을 통해 강남역과 삼성역까지 20~30분 내 도착 가능하여 주요 업무지구로의 접근성이 뛰어난 신축 단지가 될 예정이다. 게다가 서울 내 출근시간대 하차인원 1위인 가산디지털단지역까지 거리가 가깝다는 이점도 있다. 즉, 직주근접 수요가 풍부한 입지에 신축 단지가 들어서는 셈이다.

조합원 추가분담금까지 합치면 8억 원 미만의 금액으로 33평 신축을 얻을 수 있는데 조합원 매물을 구하기 쉽지 않은 단점이 있다. 예외가 허용되는 매물을 구해야 하므로 관심이 있다면 주변 부동산에 발품을 팔 필요가 있다.

대림삼거리역

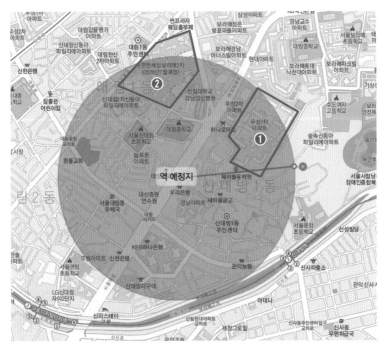

단위: 만 원

단지	세대수	입주연월	매매시세	전세시세	용적률
① 신대방 우성1차	1,335	1988. 09	75,000	40,500	210%
② e편한세상 보라매2차	859	2020. 07	-	-	249%

※ 2019년 10월 18일 기준, 34평

자료: KB부동산

e편한세상 보라매2차는 완공되면 7호선(신풍역) 역세권 신축 단지로 거듭난다. 그로부터 4년 뒤면 신안산선까지 더해져 더블 역세권이 된다. 7호선(신풍역)으로는 세 정거장만에 출근시간대 하차인원이 가장 많은 가산디지털단지역에 도착 가능하며, 신안산선(대림삼거리역)으로는 네 정거장만에 여의도역에 도착 가능하다. 따라서 직주근접 면에서 상당한 입지 강화가 기대된다. 게다가 신축 단지다. e편한세상 보라매2차의 미래가치가 기대되는 대목이다.

신대방 우성1차는 평지에다 단지 규모도 적당히 크고 2호선 역세권이며 바로 옆에 보라매공원까지 있어 쾌적함을 자랑한다. 그러나 문제는 재건축 연한에 다다랐음에도 높은 용적률(210%)로 재건축 사업성이 나오기 어렵고 건물 자체가 튼튼하게 지어졌다는 중론으로 안전진단을 통과하기 쉽지 않다는 점이다. 따라서 신대방 우성1차는 신안산선 완공으로 더블 역세권이 될 경우 매매 수요의 하방 경직성을 확보할 것으로 보인다. 그러나 신축을 기대한다면 재건축이든 리모델링이든 정비 사업의 방향이 정해진 후 들어가는 것을 추천한다.

신풍역

신안산선 신풍역은 7호선 신풍역에서 서쪽으로 100~200m 가량 떨어진 곳에 위치할 것이다. 그리고 주변에 신길 뉴타운 신축 아파트가 들어섰거나 들어설 예정이다. 신풍역 북쪽이 죄다 신축 대

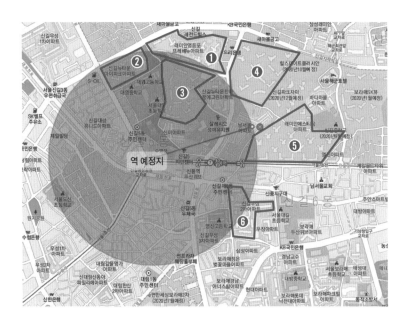

단위: 만 원

단지	세대수	입주연월	매매시세	전세시세	용적률
① 래미안 영등포프레비뉴	949	2015. 12	106,000	55,500	232%
② 신길뉴타운 아이파크	612	2019. 02	99,000	50,500	229%
③ 신길 센트럴자이	1,008	2020. 02	-	-	239%
④ 힐스테이트 클래시안	1,476	2020. 12	-	-	252%
⑤ 래미안 에스티움	1,722	2017. 04	122,500	58,500	252%
⑥ 신길 우성2차	725	1986. 09	84,000	36,250	192%

※ 2019년 10월 18일 기준, 34평   자료: KB부동산

단지 아파트로 변모하기 때문에 그 위용이 대단할 것으로 기대된다. 특히 여의도로 연결되는 신안산선 역세권 단지 중에 신축 단지들이 가장 많이 들어서는 구역인 만큼 여의도 고소득 직장인들의 주거 수요를 가장 많이 흡수할 수 있다. 그 안에서도 7호선 신풍역에 가까운 래미안 에스티움과 힐스테이트 클래시안의 매수 시세가 다른 단지들에 비해 소폭 우위를 점하고 있으나 신안산선 신풍역이 개통되면 상대적으로 신길 센트럴자이, 신길뉴타운 아이파크, 래미안 영등포프레비뉴가 비교 우위를 자랑하게 될 가능성이 있다.

신길 우성2차는 바로 옆 우창 아파트와 함께 신탁 방식을 통한 재건축 추진 중으로 사업 속도에 방점을 두고 있다. 2017년 10월에 한국자산신탁을 사업 시행자로 선정하여 신탁 방식의 재건축을 시작했고, 안전진단 기준이 강화되기 직전인 2018년 6월에 막차를 통과해서 향후 신축의 희소성도 기대된다. 한국자산신탁의 목표대로 진행될 경우 2021년 이주하여 2023~2024년 1,300여 세대가 입주 예정이다. 평당 2,400만 원 분양 시 32평 보유자가 34평 신축을 분양받기 위해서는 1억 4,000만 원의 추가분담금이 필요하다. 최근 시세를 감안하면 총액 10억 원 미만의 금액으로 34평 신축을 받을 수 있으므로 맞은편 래미안 에스티움 시세 대비 2억 원에 가까운 메리트가 있다. 물론 주변 단지들보다 더 신축인 점도 신길 우성2차의 미래가치를 더욱 기대하게 만든다.

도림사거리역

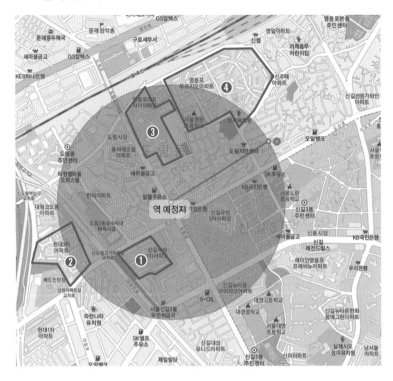

단위: 만 원

단지	세대수	입주연월	매매시세	전세시세	용적률
① 신길 우성1차	688	1986. 09	71,000	32,000	176%
② 현대3차	1,162	1997. 10	75,500	41,250	326%
③ 영등포 아트자이	836	2014. 03	94,000	54,500	249%
④ 영등포 푸르지오	2,462	2002. 05	83,000	42,500	250%

※ 2019년 10월 18일 기준, 34평   자료: KB부동산

신길 우성1차는 동남쪽 멀지 않은 거리에 신길뉴타운 신축 아파트 단지들이 속속 들어서면서 주변이 깨끗하게 정비되고 있다. 게다가 신안산선 도림사거리역 초역세권에 자리 잡은 단지로서 입지가 크게 개선된다. 신길 우성1차가 신길 우성2차보다 여의도에 가까운 신안산선 도림사거리역 초역세권임에도 불구하고 신길 우성2차와는 동일 평형 1억 원 이상의 매매 시세 차이가 있다. 이는 재건축 속도 차이 때문이다. 아직 재건축 이야기가 별로 나오지 않을 정도로 갈 길이 먼 상태이므로 신축에 대한 기대는 하지 않는 게 맞다. 그러나 신안산선이 2024년 개통되고 초역세권으로서의 신길 우성1차의 가치가 부각된다면 재건축 진행이 급물살을 탈 수 있을 것이다. 중장기적으로 접근해볼 가치가 있는 단지라 하겠다.

현대3차는 입주한 지 22년 되었으나 용적률이 326%에 달해 신축으로의 변모를 기대하기 어렵다. 도림사거리역 역세권에서 어느 정도 규모가 있는 단지 중에서는 가장 기대가 덜 되는 단지다. 영등포 푸르지오도 입주한 지 17년 된 애매한 연식이고 용적률도 250%이므로 신축으로 거듭날 가능성이 낮다. 그런 측면에서 영등포 아트자이는 신안산선 개통 시점에도 입주한 지 10년 된 비교적 신축이므로 투자 가치에서 신길 우성1차 다음으로 기대된다.

3가지 도구로 알아본 6대 광역시 매수 타이밍

전작에서 서울 외에 부산만 짧게 언급한 것을 아쉬워 하는 분들도 있었던 만큼 이번에는 경기도 외에 6대 광역시도 나름의 방식으로 분석했다. 분석 도구로 3가지를 사용했다.

첫째, GRDP다. 국가 간 경제력을 비교할 때 흔히 쓰이는 국내총생산, 즉 GDP는 많은 사람이 알고 있다. 한 나라의 모든 경제 주체가 생산한 재화 및 서비스의 부가가치를 시장 가격으로 평가해 합산한 것을 GDP라고 하는데, 이를 국가가 아닌 지역으로 국한해 합산한 것을 GRDP라고 한다. 즉, 일정 기간 동안 일정 지역 내에서 새로이 창출된 최종생산물 가치의 합을 나타내는 경제 지표인 셈이다. 국가 간 경제력을 비교할 때 GDP를 사용하듯, 지역 간 경제력을 비교할 때도 GRDP를 사용한다. 각 지역별 GRDP는 통계청 국가통계포털에서 확인 가능하며 2017년까지 산출되어 있다. 참고로 울산은 1998년부터 산출하기 시작했다.

해당 지역의 GDP라고 할 수 있는 GRDP를 들여다보는 이유는 그 지역의 경제 규모가 얼마나 커지냐에 따라 그 지역의 주거 수요 역시 얼마나 늘어날 수 있는지 확인할 수 있기 때문이다. 경제 규모가 커짐에 따라 주거 수요 역시 늘어날 것이라고 판단하는 것은 어렵지 않은 추정이다. 그것도 서울 대비 GRDP 비중이 초과 상승하는 지역이 있다면 그 지역의 경제 상황이 상대적으로 호조를 보이고 있다는 뜻이 되므로 주거 수요 역시 늘어날 가능성이 크다.

서울의 GRDP를 100이라고 가정하고 6대 광역시의 GRDP 연도별 추이를 살펴

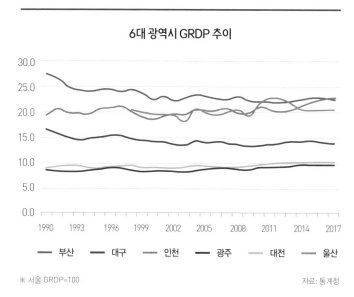

6대 광역시 GRDP 추이

1990	1993	1996	1999	2002	2005	2008	2011	2014	2017

━━ 부산　　━━ 대구　　━━ 인천　　━━ 광주　　━━ 대전　　━━ 울산

※ 서울 GRDP=100

자료: 통계청

보았다.

그래프를 보면 부산의 GRDP는 1990년에 서울의 27% 수준이었으나 2002년 22%까지 내려갔다. 중국과의 수교 후 교역을 중심으로 한 경제의 축이 서해 쪽으로 옮겨가면서 부산 경제가 침체를 겪은 단면을 엿볼 수 있다. 그러나 2002년 22%를 기점으로 2017년까지 22~23% 사이를 넘나들고 있다는 점에서 이제 부산 경제가 안정적인 성장을 구가하고 있음이 확인된다.

대구 역시 부산과 비슷한 추세다. 대구의 GRDP도 1990년에는 서울의 16% 수준이었으나 2009년 13%를 저점으로 2011년 14%에 오르더니 2017년까지 14% 내외를 오가고 있다.

반면 인천의 대두가 놀랍다. 사실 크게 이슈가 되지 않았지만 2017년에는 지역 경제에 나름 의미 있는 소식이 있었다. 줄곧 서울 GRDP의 20% 내외를 오가던 인천이 2014년 21%대로 오르더니 2017년에는 23%까지 올라가면서 처음으로 부산을 추월한 것이다. 수십 년간 경제 규모 면에서 서울 다음으로 큰 규모를 자랑했던 부산이 그 자리를 인천에 내줬다. 따라서 타 광역시 대비 인천 경제의 초과 상승 추세가 이어질 것인지 눈여겨볼 필요가 있다. 이는 곧 인천 부동산의 초과 상승으로 이어질 수 있기 때문이다.

광주와 대전은 아주 완만한 상승세를 보여준다. 1990년대에는 각각 서울의 8%와 9% 수준을 오가던 광주와 대전의 GRDP는 2010년대 들어 9%와 10%로 올라간 채 그 수준을 유지하고 있다.

울산은 산업도시인 만큼 GRDP가 자동차 산업 및 조선업의 부침과 함께 하는 모습이다. 인천처럼 서울 GRDP의 20% 내외를 오가던 울산은 2010년 22%, 2011년 23%까지 올랐으나 2013년부터 하향 추세를 밟더니 2017년 20%까지 내려갔다. 울산 부동산의 추세 전환 여부는 지역 경제를 좌지우지하는 자동차 산업과 조선업 업황에 달렸다고 봐도 무방하다.

두 번째 도구는 주택구입부담지수다. 앞서 서울의 주택구입부담지수에 대해 언급했기 때문에 별도의 설명은 필요 없을 것으로 보인다. 각 지역의 주택구입부담지수는 천차만별이나, 지역별로 주택구입부담지수를 비교할 필요는 없다. 오히려 주택구입부담지수를 해당 지역의 장기 구간 평균과 비교해보는 것이 더 의미 있다. 이는 OECD와 IMF 등 세계 유수의 기관들이 PIR(Price to Income Ratio의 약자로 수입 대비 주택 가격을 뜻한다)을 국가끼리 비교하지 않고 각국의 장기 구간 평균에 비교하는 것과 일맥상통한다. 소득 대비 주택 가격 비율인 PIR은 주택 가격의 거품 여부를 가늠하는 대표적 지표 중 하나다. 나라별로 인구 밀도와 주택 보유 성향에 차이가 있다는 점 등으로 인해 국가 간 PIR 비교는 크게 의미 없다. 이런 이유로 인해 OECD는 PIR의 절대 수준을 나라끼리 비교하지 않고 각국의 현재 PIR이 과거와 비교해 어느 정도 수준에 있는가를 보여준다. 이 책의 주택구입부담지수 역시 각 지역의 특성이 있기 때문에 지역 간 주택구입부담지수를 비교하는 것이 아니라 지역별 주택구입부담지수를 해당 지역의 장기 구간 평균과 비교하는 방식을 취했다. 이러한 비교를 통해 현 시점의 주택 가격이 지역의 평균 수입과 금리를 감안했을 때 과거에 비해 어느 정도 부담되는 수준인지 알아본 셈이다.

마지막 도구는 지역별 착공 물량이다. 미래의 입주 물량을 정확히 나타내는 데이터로는 이만한 게 없다고 판단되기 때문에 착공 물량을 마지막 도구로 삼았다. 대개 착공 2년 후 입주한다고 가정하고 통계청으로부터 2011년부터 2019년 상반기까지 착공 물량을 지역별로 뽑아보았다. 2017~2019년 상반기 착공 물량은 2019~2021년 입주 물량으로 전환된다고 보고, 주택구입부담지수와 마찬가지로 장기 구간 평균(8년간 평균 착공 물량)과 비교해서 과잉, 과소 공급 여부를 판단했다.

3가지 도구를 통해 6대 광역시 부동산의 현 주소를 진단해보고 2019~2021년 입주 예정 물량을 통해 적정 매입 시점을 판단해보았다. 각 광역시마다 경제 규모의 성장 추세, 주택 구입 여력을 나타내는 부담지수, 공급을 나타내는 착공 물량을 통해 최대한 정답에 가까워지려고 노력했다. 그럼 이제 각 광역시별 내용으로 들어가보자.

부산

우리나라 제2의 도시, 부산 아파트 시장이 현 시점에서 매력적인지 살펴보자.

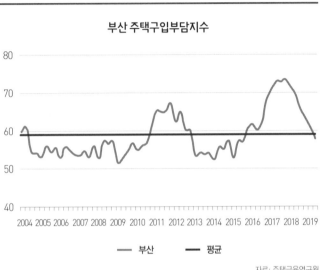

부산 주택구입부담지수

자료: 주택금융연구원

부산의 주택구입부담지수는 2019년 2분기 기준 58.3으로, 최근 15년간 평균인 59.1 대비 99% 수준이다. 그래프에서 보다시피 2017년 4분기 73.5를 정점으로 급락 중인데 2019년 2분기에 중장기 평균을 뚫고 내려갔으므로 매수하기에 매력적인 수준으로 가고 있다.

입주 물량은 어떨까. 부산 아파트의 2011~2018년 연평균 착공 물량은 2만 3,853호였다. 그리고 2017년에는 3만 1,304호, 2018년에는 2만 8,753호였다.

부산 착공 물량

2011	2012	2013	2014	2015	2016	2017	2018	2019 상반기
23,031	19,854	13,461	23,185	24,656	26,577	31,304	28,753	9,306

자료: 통계청

연평균 착공 물량 대비 각각 131%, 121%나 착공한 셈이다. 평균적으로 착공 2~3년 후 입주한다고 가정하면 적어도 2020년까지는 입주 물량이 상당히 많을 것이다. 그러나 2019년 상반기 착공 물량은 9,306호로 공급 감소 시그널이 감지된다. 아파트 가격 하락이 영향을 미치고 있는 것으로 풀이된다.

정리해보면, 부산 부동산은 주택구입부담 측면에서 최근 15년간의 평균치를 하회하기 시작했지만 2020년까지 입주 물량 역시 상당히 많은 수준으로 예상되므로 현 시점에서 매수를 추천하기는 어렵다. 그러나 가격대가 매력적인 수준으로 가고 있으므로 공급 감소 경향이 뚜렷해지면 2020년대 초중반에는 매수 타이밍이 올 수 있다. 더 인내심을 갖고 관찰해보자. 부산에 대한 투자 적기는 다가오고 있다.

대구

대구의 주택구입부담지수는 2019년 2분기 기준 63.6으로, 최근 15년간 평균인 61.2 대비 104% 수준이다. 평균 대비 초과 수준은 부산보다 조금 더 높다고 볼 수 있다. 즉, 현 가격대가 그리 매력적이지 않다는 뜻이다. 역대 최고점은 2015

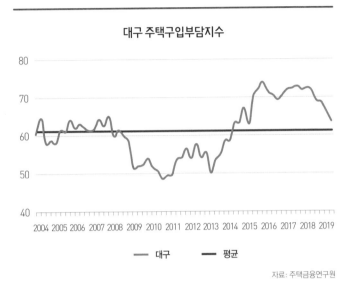

대구 주택구입부담지수

80

70

60

50

40

2004 2005 2006 2007 2008 2009 2010 2011 2012 2013 2014 2015 2016 2017 2018 2019

—— 대구 　　—— 평균

자료: 주택금융연구원

년 4분기 73.9로 부산과 별 차이가 없다.

부산과 마찬가지로 대구 아파트의 입주 물량을 추정해보자. 대구 아파트의 2011~2018년 연평균 착공 물량은 1만 5,365호였다. 그리고 2017년에는 1만 792호, 2018년에는 2만 2,044호를 착공했다. 8년간 연평균 착공 물량 대비 각각 70%, 143%를 착공한 셈이다. 그리고 2019년 상반기 착공 물량도 1만 3,990호로 상당한 수준이다. 따라서 2019년은 입주 물량이 적고 2020~2021년은 다소 많은 입주 물량이 예상된다.

결론적으로, 대구는 부산보다는 덜 매력적인 가격대에다 2019년 입주 물량은 적으나 2020~2021년 입주 물량이 많을 것으로 예상되는 만큼 매수 대기자들은 더

대구 착공 물량

2011	2012	2013	2014	2015	2016	2017	2018	2019 상반기
4,306	11,290	21,675	24,586	15,156	13,069	10,792	22,044	13,990

자료: 통계청

기다려보는 것이 좋겠다.

인천

6대 광역시 중 유일하게 서울 대비 GRDP 비중이 올라가고 있는 인천이다. 지역 경제 성장률이 서울을 능가하고 있는 광역시인 만큼 눈여겨보지 않을 수 없다.

인천의 주택구입부담지수는 2019년 2분기 기준 57.3으로, 최근 15년간 평균인 64.8 대비 88% 수준이다. 2019년 2분기의 주택구입부담지수가 15년간 평균을 크게 하회하는 몇 안 되는 광역시다. 게다가 역대 최고점은 2008년 3분기 90.6으로 2019년 2분기 지수와 큰 격차를 보이고 있다. 인천 주택의 가격대는 부산과 대구에 비해 상당히 매력적으로 보인다.

인천 아파트의 2011~2018년 연평균 착공 물량은 1만 2,081호였다. 그리고 2017년에는 8,900호, 2018년에는 2만 7,712호였다. 연평균 착공 물량 대비 각각 74%, 229%를 착공했다. 2019년 상반기도 1만 3,729호라는 적지 않은 수량이 착공되었다. 2019년은 입주 물량이 적고 2020~2021년은 대단히 많은 입주 물량이 예상되는데 대구와 비슷한 경향을 보이지만 해당 기간의 물량 부담은 대

인천 주택구입부담지수

자료: 주택금융연구원

인천 착공 물량

2011	2012	2013	2014	2015	2016	2017	2018	2019 상반기
7,525	7,995	7,801	5,207	22,947	8,561	8,900	27,712	13,729

자료: 통계청

구보다 훨씬 클 것으로 점쳐진다.

인천은 부산과 대구에 비해 끌리는 가격대인 것만은 분명하다. 게다가 지역 경제 도 순조롭게 성장하고 있다. 다만 2020년에 최근 8년 중 가장 많은 입주 물량이 대기하고 있고 2021년 입주 물량도 상당할 것으로 보인다. 밸류에이션은 매력적이나 내년과 내후년의 물량 부담이 만만치 않다. 따라서 2020~2021년 물량 부담이 도래했을 때 저점 매수를 검토하는 게 가장 안전하다. 현재의 주택구입부담지수에서 급등하지 않는다면 인천은 2020~2021년 매수 대상으로 거론되어도 손색없다.

광주

광주의 주택구입부담지수는 2019년 2분기 기준 45.8로, 최근 15년간 평균인 40.1 대비 114% 수준이다. 이는 앞서 언급된 부산과 대구보다도 상당히 높은 수준이다. 그뿐 아니라 역대 최고점이 2018년 4분기 48.9로 2019년 2분기 지수와 크게 차이가 나지 않는 상황이다. 밸류에이션 측면에서 역대 가장 고평가된 상황에 근접해있다. 현 가격대에서 매수를 추천하는 것은 조심스러울 수밖에 없다.

광주 아파트의 2011~2018년 연평균 착공 물량은 1만 1,423호였다. 그리고 2017년에는 1만 8,481호, 2018년에는 6,897호를 착공했다. 연평균 착공 물량 대비 각각 162%, 60%를 착공한 셈이다. 2019년 상반기 착공 물량도 4,178호로 많은 수준은 아니다. 2019년은 입주 물량이 적고 2020~2021년은 입주 물량이 많은 대구, 인천과는 반대의 경우다. 2019년 대규모 입주 파고를 겪고 나면 2020~2021년 상당한 수준의 입주 감소가 예상된다.

주택구입부담 측면에서 역대 최고점과 별 차이가 없는 수준의 현 가격대는 상당한 부담이다. 거기에 2019년 입주 물량도 상당히 많을 것이라 추정된다. 2020년 입주 물량은 매우 감소할 것으로 전망되나, 현재의 오버슈팅된 가격대를 감안하

광주 주택구입부담지수

자료: 주택금융연구원

광주 착공 물량

2011	2012	2013	2014	2015	2016	2017	2018	2019 상반기
6,659	17,742	5,527	12,751	7,952	15,374	18,481	6,897	4,178

자료: 통계청

면 2019년 착공 물량이 상당히 저조하지 않고서는 매수를 결정하기에는 리스크가 따를 것으로 판단된다.

대전

대전 주택구입부담지수

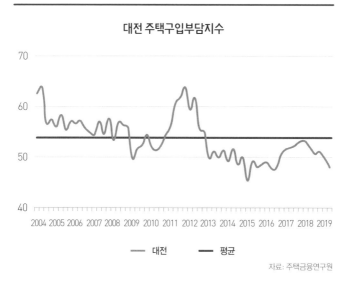

자료: 주택금융연구원

대전도 인천만큼은 아니지만 서울 대비 GRDP 비중을 야금야금 올리고 있는 광역시다. 지역 경제가 나쁘지 않은 것으로 판단해볼 수 있다.

대전의 주택구입부담지수는 2019년 2분기 기준 48.2로, 최근 14년간 평균인 53.7 대비 90% 수준이다. 이는 인천과 비슷한 수준으로 매수하기에 상당히 매력적인 가격대다. 역대 최고점도 2011년 4분기 63.7로 2019년 2분기 시점의 지수와 적지 않은 괴리가 있다. 밸류에이션만 따졌을 때는 인천과 더불어 가장 매력적인 광역시라고 할 수 있다.

대전 아파트의 2011~2018년 연평균 착공 물량은 7,623호였다. 그리고 2017

대전 착공 물량

2011	2012	2013	2014	2015	2016	2017	2018	2019 상반기
12,714	5,572	6,129	5,754	8,018	8,053	8,073	6,671	3,840

자료: 통계청

년에는 8,073호, 2018년에는 6,671호를 착공했다. 연평균 착공 물량 대비 각각 106%, 88% 수준이었다. 2019년 상반기 착공 물량은 3,840호로 예년 수준의 공급으로 판단된다. 다른 광역시에 비해 입주 물량의 진폭이 상당히 적은 편이라서 공급 과부족 여부를 논할 필요는 없어 보인다.

결국, 입주 물량의 영향은 그다지 없을 것으로 추정되며, 현 가격대가 전 고점은 물론이고 주택구입부담지수의 15년간 평균치를 하회하고 있으므로 현 시점이 매수하기에 괜찮다.

울산

마지막으로 소개할 광역시는 울산이다. 앞서 언급한대로 울산은 6대 광역시 중 부산 다음의 경제 규모를 자랑했으나 인천이 추월한 이후 서울은 물론이고 인천과도 격차가 점점 벌어지는 모습이다. 아무래도 점차 활력이 떨어지고 있는 모습을 부인할 수 없다.

울산의 주택구입부담지수는 2019년 2분기 기준 43.2로, 최근 15년간 평균인 44.4 대비 97% 수준이다. 부산과 거의 유사한 수준이다. 역대 최고점도 2017년

울산 주택구입부담지수

65

55

45

35

25

2004 2005 2006 2007 2008 2009 2010 2011 2012 2013 2014 2015 2016 2017 2018 2019

— 울산   — 평균

자료: 주택금융연구원

울산 착공 물량

2011	2012	2013	2014	2015	2016	2017	2018	2019 상반기
7,040	10,004	6,367	6,263	11,765	12,659	4,785	1,830	2,798

자료: 통계청

2분기 57.8로 아직 현 시점의 지수와는 어느 정도 차이가 있다. 인천, 대전 다음

으로 매력적인 밸류에이션을 지니고 있다고 볼 수 있다.

울산 아파트의 2011~2018년 연평균 착공 물량은 7,589호였다. 그리고 2017년에는 4,785호, 2018년에는 1,830호를 착공했는데 연평균 착공 물량 대비 각각 63%, 24%였다. 2019년 상반기 착공 물량 역시 2,798호로 상당히 적은 물량이라고 볼 수 있다. 6대 광역시 중 착공 물량의 감소폭이 가장 두드러진 셈이다. 조선과 자동차 산업의 실적 부진이 주택 시장 심리를 크게 저하시켰기 때문이다.

현 시점의 울산 부동산 시장을 진단하기는 쉽지 않다. 지역 경제 상황이 전성기에 비해 좋지 않으나 밸류에이션은 매력적인 수준으로 가고 있고 입주 물량도 급격히 감소한다. 그 말인 즉, 만일 가격대가 조금 더 내려가고 지역 경제가 조금이라도 호전된다면 울산 부동산은 새로운 전기를 맞이할 수 있다. 특히 나락으로 빠져들고 있었던 조선업이 반등의 움직임을 보이고 있는 것은 울산 부동산에 관심을 가지고 있는 사람이라면 지속적으로 관찰해야 할 포인트다.

나가며

영원한
우상향은 없다

서울 부동산이 다시 요동치고 있다. 2020년부터 재상승을 전망했으나 정부 규제의 부작용으로 수급이 틀어지면서 예상보다 더 빠른 반등이 시작되었다. 이와 더불어 서울 부동산에 대한 강한 믿음이 시장 전반을 다시 휘감고 있다. 흔히 말하는 '서울 불패론'이다. 그러나 영원한 우상향은 없으며 서울 역시 예외는 아니다. 앞서 언급한 대로 서울 부동산은 1987년부터 1990년까지 역대급 폭등 후 1기 신도시 입주로 1995년까지 조정장을 겪었다. 그리고 1999년부터 2009년까지 장기 상승 후 보금자리(반값 아파트) 정책 및 2기 신도시(판교, 광교) 입주 시작으로 2013년까지 조정장을 겪었다. 큰 폭으로 상승하거나 장기간 상승한 후 공급 확대 효과를 갖는 이벤트(1, 2기 신도시 입주, 반값 아파트의 등장)가 시작되자 4~5년의 조정을 겪었던 서울 아파트 시장의 과거를 눈여겨볼 필요가 있다. 그렇다면 다음에 공급 확대 효과를 가져다주는 이벤트는 무엇이 있을까.

이 역시 앞서 언급한 대로 GTX, 신안산선의 개통 및 3기 신도시 입주다. GTX-A와 신안산선이 삽을 떴듯이 서울 부동산에 중장기 조정을 가져다줄 이벤트는 반드시 온다. 2014년부터 2018년까지 상승 후 반년간의 조정장을 마치고 상승기의 후반부에 접어든 상황에서 아직은 아니더라도 중장기적으로 매매가의 정점(매도 시점)을 저울질해야 할 때가 온다는 의미다. 맹목적인 폭락론도 멀리 해야 하지만 서울 불패와 같은 영원한 우상향 주장도 경계해야 한다.

또한 이번 책에서는 서울 아파트 시장만 다뤄온 입장을 탈피해 처음으로 수도권 아파트 시장 전체를 조망했다. 6대 광역시에도 분석의 메스를 들이밀었다. 입지의 차별화는 수도권 내에서도 진행되고 있으며 서울 생활권에 편입되는 GTX, 신안산선 역세권 단지들은 철도망 완공 시기에 다가갈수록 그 가치가 빛을 발할 것이다. 6대 광역시 역시 서울과의 갭은 갈수록 확대되고 있으나 갭이 언제까지나 확대되리라는 법도 없다. 갭이 최대한 벌어졌을 때 6대 광역시의 투자 시기가 다시 올 것이다. 6대 광역시 중 대전이 매수하기에 괜찮은 상황이라는 내용을 원고에 기재한 게 8월이다. 이미 대전이 크게 오르고 있다는 뉴스가 나오기 시작했다. 다음에 또 책을 낼 기회가 있다면 6대 광역시에 대해서도 제대로 분석해보고 싶다.

어찌 되었든 이렇게 우여곡절 끝에 서울 아파트 시장에 대해 내가 쓴 세 번째 책이 나왔다. 두 권의 책은 2개월 남짓한 기간 동안 작업한 반면, 이 책은 시간의 여유를 갖고 3월부터 천천히 써 내려갔다. 시간에 쫓기지 않고 여유 있게 준비하고 싶었다. 지금 생각하면 책을 발간해줄 출판사가 정해지지도 않은 상황에서 무슨 자신감이었는지 모를 일이다. 그런 의미에서 내가 쓴 원고를 발간하기로 결정해준 매일경제출판사에 감사를 표한다. 전작에 이어 내 책의 완성에 많은 도움을 준 임경은 편집자님, 정기적인 모임을 통해 부동산 분석에 동력을 제공해주는 부D 멤버들에게도 변함없는 감사의 말씀을 전하고 싶다. 마지막으로 사랑하는 부모님들 그리고 나의 가장 든든한 버팀목이 되어주는 아내 그리고 아이들과 책 완성의 기쁨을 함께 하고 싶다.

2020 수도권 입지의 대전환이 온다

서울 아파트 상승의 끝은 어디인가

초판 1쇄   2019년 11월 20일

지은이   강승우(samtoshi)
책임편집   임경은
마케팅   김선미 김형진 이진희
디자인   김보현 김신아

펴낸곳 매경출판㈜   **펴낸이** 서정희
등록 2003년 4월 24일(No. 2-3759)
주소 (04557) 서울시 중구 충무로 2(필동1가) 매일경제 별관 2층 매경출판㈜
홈페이지 www.mkbook.co.kr
전화 02)2000-2633(기획편집) 02)2000-2636(마케팅) 02)2000-2606(구입 문의)
팩스 02)2000-2609   **이메일** publish@mk.co.kr
인쇄 · 제본 ㈜M-print 031)8071-0961
ISBN 979-11-6484-044-1(03320)

이 도서의 국립중앙도서관 출판예정도서목록(CIP)은 서지정보유통지원시스템 홈페이지(http://seoji.nl.go.kr)와
국가자료공동목록시스템(http://www.nl.go.kr/kolisnet)에서 이용하실 수 있습니다.
(CIP제어번호: CIP2019042905)